中国现代贵金属币
市场分析

ANALYSIS OF THE MARKET
FOR CONTEMPORARY PRECIOUS METAL COINS
IN CHINA

赵燕生◎著

西南财经大学出版社
SOUTHWESTERN UNIVERSITY OF FINANCE & ECONOMICS PRESS

图书在版编目(CIP)数据

中国现代贵金属币市场分析/赵燕生著．—成都:西南财经大学出版社,
2012.9
ISBN 978 - 7 - 5504 - 0853 - 1

Ⅰ.①中… Ⅱ.①赵… Ⅲ.①纪念币—市场分析—中国 Ⅳ.①F822.2

中国版本图书馆 CIP 数据核字(2012)第 225024 号

中国现代贵金属币市场分析

赵燕生 著

责任编辑:王 利
封面设计:大 涛
责任印制:封俊川

出版发行	西南财经大学出版社(四川省成都市光华村街55号)
网 址	http://www.bookcj.com
电子邮件	bookcj@foxmail.com
邮政编码	610074
电 话	028 - 87353785 87352368
照 排	四川胜翔数码印务设计有限公司
印 刷	郫县犀浦印刷厂
成品尺寸	170mm × 240mm
印 张	6.75
字 数	115 千字
版 次	2012 年 9 月第 1 版
印 次	2012 年 9 月第 1 次印刷
书 号	ISBN 978 - 7 - 5504 - 0853 - 1
定 价	48.00 元

读《中国现代贵金属币市场分析》

戴志强

赵燕生学的是有色金属压力加工专业。1979 年入中国人民银行印制管理局（即今中国印钞造币总公司）负责人民币硬币的生产管理工作，可谓是学以致用。是年正值新中国贵金属纪念币开始生产发行，他自然也就参与了贵金属纪念币的生产管理。1993 年调任中国金币总公司所属香港中国长城硬币投资有限公司总经理，从此由组织生产管理的幕后，走到了贵金属纪念币市场及销售的前台。所以他的人生和新中国的硬币事业相伴，与新中国的贵金属纪念币结缘。

7 月 5 日，燕生带来他的书稿《中国现代贵金属币市场分析》，约我写序。对贵金属纪念币做市场分析，是一件具有挑战性和创新性的工作。燕生凭借长期积累的理论修养和实际知识，以个人之力，收集资料，探索分析，这样的精神，令我感动，故此欣然应允。

贵金属纪念币既有收藏、鉴赏的文化属性，又有投资、增值的经济属性。燕生的这本书不是对贵金属纪念币的文化属性展开讨论和研究，而是从经济学的原理出发，应用统计学方法，以大量的数据为依据，对 33 年来我国已经发行的贵金属纪念币的经济属性、投资价值进行定量分析和对比研究，从而找出其成败得失，引出其中的经验和启迪，不仅为贵金属纪念币的生产规划提供了可资借鉴的重要实证资料，同时也为贵金属纪念币的投资者、收藏者提供了可以信赖的参考意见。

通读此书，深感是书资料翔实、图表清晰，既有实实在在的数字依据，又有详尽的理论分析。所以，我相信，它的出版发行，必将会受到广大读者的欢迎。

2012 年 8 月写于北京

前 言

　　新中国成立后，中国人民银行从 1979 年开始发行现代贵金属币，至今已经走过 33 年的路程。33 年来，随着社会政治、经济环境的不断变化和发展，我国现代贵金属币的发行、销售体制几经演变，发行规模不断扩大，市场要素逐渐形成，社会关注度和影响面也在不断提高。特别是我国的现代贵金属币作为一种兼备文化属性和经济属性的收藏品，已经开始吸引公众视线，成为国内收藏品市场的重要组成部分。

　　回顾历史，我国现代贵金属币的发行状况到底如何？其收藏、投资价值如何分析？成绩和问题如何评判？

　　展望未来，我国现代贵金属币市场体系今后应该走一条怎样的发展道路？有哪些理论和实践问题值得探讨？改革的方向和重点在哪里？如何更好地适应社会主义市场经济和文化发展的需要？

　　作为一家之言，笔者试图通过"中国现代贵金属币信息分析系统©"，从量化角度和经济角度分析研究上述有关问题，通过总结历史经验，探索性地提出一些发展建议，为中国现代贵金属币事业的健康发展建言献策。

赵燕生

2012 年 8 月于北京

目　录

1　概述　　/ 1

　　1.1　市场分析的背景及概念　　/ 1

　　1.2　市场分析的理论基础和研究方法　　/ 2

　　1.3　"中国现代贵金属币信息分析系统©"的开发与应用　　/ 6

2　中国现代贵金属币发行状况分析　　/ 9

　　2.1　贵金属币总体发行状况分析　　/ 9

　　2.2　贵金属纪念币发行状况分析　　/ 10

　　　　2.2.1　贵金属纪念币发行项目状况分析　　/ 10

　　　　2.2.2　贵金属纪念币发行币种、规格状况分析　　/ 11

　　　　2.2.3　贵金属纪念币发行数量状况分析　　/ 14

　　　　2.2.4　贵金属纪念币发行重量状况分析　　/ 17

　　2.3　贵金属投资币发行状况分析　　/ 19

　　2.4　贵金属币与国际国内相关行业的对比分析　　/ 22

　　2.5　本章小结　　/ 24

3　中国现代贵金属币投资价值分析　　/ 26

　　3.1　贵金属币总体投资价值分析　　/ 27

　　　　3.1.1　价格指标　　/ 27

　　　　3.1.2　直接指标　　/ 27

　　　　3.1.3　间接指标　　/ 27

　　3.2　贵金属币各主要板块投资价值分析　　/ 28

3.2.1　贵金属投资币与纪念币板块投资价值分析　/ 28

3.2.2　贵金属纪念币项目主题板块投资价值分析　/ 31

3.2.3　贵金属纪念币年度板块投资价值分析　/ 32

3.2.4　贵金属纪念币发行量板块投资价值分析　/ 34

3.2.5　贵金属纪念币贵金属含量板块投资价值分析　/ 36

3.2.6　贵金属纪念币普制币与精制币板块投资价值分析　/ 38

3.2.7　贵金属纪念币老精稀板块投资价值分析　/ 40

3.2.8　贵金属熊猫币板块投资价值分析　/ 41

3.2.9　贵金属币2011年板块投资价值分析　/ 45

3.3　贵金属币各币种的排序分析　/ 48

3.3.1　绝对增值幅度最高的币种　/ 48

3.3.2　绝对增值幅度最高的金币、铂币　/ 50

3.3.3　绝对增值幅度最低的币种　/ 51

3.3.4　相对增值幅度最高的币种　/ 53

3.3.5　相对增值幅度最低的币种　/ 55

3.3.6　比较值综合评分最高的币种　/ 56

3.3.7　比较值综合评分最低的币种　/ 58

3.3.8　市场价格最高的币种　/ 59

3.4　贵金属币市场交易活跃度分析　/ 61

3.5　本章小结　/ 62

4　中国现代贵金属币市场体系分析　/ 66

4.1　贵金属币市场体系发展过程回顾　/ 66

4.2　贵金属币市场体系存在的主要问题　/ 68

4.2.1　政府行政权力的企业化运作问题亟待根本解决　/ 69

4.2.2　零售体系中零售价格管理失控问题亟待彻底解决　/ 70

4.2.3　贵金属币的二级市场有待进一步发展　/ 71

4.2.4　贵金属币的精品战略有待进一步落实　/ 72

5 中国现代贵金属币市场发展思考 / 75

5.1 贵金属币市场体系的理论思考 / 75

5.1.1 贵金属币的基本性质 / 75

5.1.2 贵金属币的经济属性 / 76

5.1.3 贵金属币市场体系的理论要点 / 76

5.2 贵金属币市场体系的发展思考 / 77

5.2.1 真正实现政企职能分离，保证主管部门
独立行使贵金属币发行权 / 77

5.2.2 认真改革一级市场零售体系，切实维护消费者利益 / 78

5.2.3 引导建立做市商制度，发挥二级市场价值转换功能 / 79

5.2.4 努力实施精品战略，提高贵金属币的设计铸造品质 / 80

5.2.5 加强信息公开工作，及时公布贵金属币实铸实售量
信息 / 81

结束语 / 82

参考文献 / 83

附图 / 85

附图 1 1979—2011 年贵金属纪念币发行项目年度分布图 / 85

附图 2 1979—2011 年贵金属纪念币发行币种年度分布图 / 85

附图 3 1979—2011 年贵金属纪念币发行数量年度分布图 / 86

附图 4 1979—2011 年贵金属纪念币发行重量年度分布图 / 86

附表 / 87

附表 1 贵金属纪念币项目主题板块三项指标分析表 / 87

附表 2 1979—2011 年贵金属纪念币年度板块三项指标分析表 / 88

附表 3 贵金属纪念币发行量板块三项指标分析表 / 90

附表 4 贵金属纪念币贵金属含量板块三项指标分析表 / 90

附表 5　贵金属纪念币普制币与精制币板块三项指标分析表　　/ 91

附表 6　贵金属纪念币老精稀板块三项指标分析表　　/ 91

附表 7　熊猫币板块三项指标分析表　　/ 92

后记　/ 93

1　概述

写作本书的主要目的，是从现实状况出发，采用全新的视角和方法，全面分析我国现代贵金属币的市场状况，通过理论和实证研究，总结经验、探索规律、建言献策。

1.1　市场分析的背景及概念

本书所述的中国现代贵金属币，主要是指从 1979 年开始至 2011 年［在 2011 年的项目统计中，包括 2012 中国壬辰（龙）年金银纪念币］之间，中国人民银行公告发行的贵金属币，不包括同时期港、澳、台地区发行的贵金属币。

我国的现代贵金属币可以分为贵金属纪念币和贵金属投资币两大类别。

贵金属纪念币主要是指具有特定主题或特定纪念题材的贵金属币，它们一般为限量发行。

贵金属投资币主要是指由国家发行，主要用于贵金属投资的贵金属币。它们的主要特征是技术规格和成色规范，生产工艺为普制，销售的升水较低，一般为不限量发行。我国的贵金属投资币是以熊猫为图案的 7 种特定规格的金银币。

在我国贵金属币的分类体系中，熊猫币是唯一横跨投资币和纪念币两大币种的最大板块。它既包括全部的投资币，也在纪念币中占有较大比重。在提到熊猫币时，首先应该在概念上分清是纪念币还是投资币，两者不宜混淆。

我国现代贵金属币的分类结构见图 1.1。本书将从纪念币和投资币两种不同的分类进行市场分析。

我国的现代贵金属币既有收藏鉴赏的文化属性，又有投资增值的经济属性。选择购买一枚好的贵金属币，不但可以给人们带来丰富的精神享受，同时也可以带来经济上的回报。鉴于贵金属币的文化属性很难用定量的方法评价，

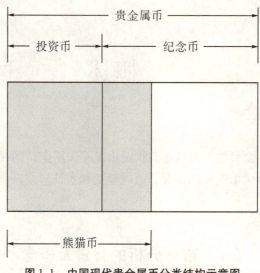

图 1.1 中国现代贵金属币分类结构示意图

本书仅对贵金属币的经济属性进行研究。

准确定量分析贵金属币的市场状况和经济属性非常困难。造成这种困难的主要原因是：①缺乏完整的历史资料。②我国贵金属币的市场体系尚未达到理想和规范的程度。③目前我国在这方面尚无一套成熟的标准和方法，同时也没有见到有关机构或专家学者的相应研究成果。面对这样一个全新课题，不但需要紧贴市场的丰富信息，同时也需要进行探索和尝试。本书对我国现代贵金属币的市场分析主要包括：发行状况分析、投资价值分析、市场体系分析、市场理论探索和市场发展思考等方面。这些分析和研究目前尚无可供参考借鉴的先例。

1.2 市场分析的理论基础和研究方法

在本书中，分析我国现代贵金属币的投资价值是市场分析的重点之一，它涉及很多方面的问题。

按照现代投资经济学理论，投资是一定经济主体为了获取预期的不确定效益而将现期的一定收入或其他资源转化为资本的经济活动。按照这一定义，可以明确地知道，获取效益是投资的目的，预期效益往往是不确定的和存在风险的。投资效益的评价，即投入与产出的比例关系可以用货币资金形式体现。分析贵金属币的投资价值，主要应包括如何计算投资成本，以及用什么标准衡量投资效益等问题。

首先可以看到，可以用现金形式量化的贵金属币收藏成本主要包括：购买时的资金投入、收藏管理成本以及收藏期间的资金效率。在这三项主要成本中，前两项成本较好理解，而第三项成本主要是指通货膨胀、货币贬值和丧失相应存款收益的成本。具体来说就是，假定一枚钱币的市场价格没有变化，用购买钱币时的资金衡量，随着通货膨胀和货币贬值，这枚钱币的实际货币价值在降低，而且在此基础上还要考虑损失的同期存款利息收益。正确计算贵金属币投资成本时要全面考虑以上三项成本付出。

按照商品价格理论，贵金属币的市场价格是贵金属币自身价值的货币表现形式。贵金属币是国家发行的法定货币，它的价值基本上由两部分组成：一是贵金属的价值；二是国家法定货币溢价因素提供的价值，它的构成可用如下公式表示：

市场价格 = 贵金属价值 + 贵金属币溢价因素提供的价值

从贵金属币的价值构成看，贵金属价值是系统因素，它取决于国际贵金属价格的变化；国家法定货币溢价因素提供的价值是自身因素，它取决于贵金属币自身的各种不同条件。当一个币种因自身因素提供的价值较低时，它的市场价格主要靠贵金属的价值支撑。当一个币种因自身因素提供的价值很高时，贵金属价值的变化对市场价格的影响就较小，有时甚至可以忽略不计。在研究贵金属币的投资价值规律时，主要是研究因贵金属币自身因素提供的价值在不同币种之间的变化规律，同时也要关注经济形势变化对贵金属价格的影响。特别是在贵金属价格变化较大时，这种影响就显得尤为重要。在考察贵金属币的投资效益时，贵金属价格的变化也是重要指标。

用什么标准衡量贵金属币的投资效益和价值呢？通常有横向和纵向两种比较方法。所谓横向比较法就是用贵金属币的投资收益与其他种类的投资收益进行比较。所谓纵向比较法就是在不同的贵金属币种之间相互比较投资效益。

由于缺少其他投资种类可供对比的完整及准确的数据，在本书研究我国现代贵金属币的投资价值时，将采用纵向比较法进行分析。在使用纵向比较法时，鉴于贵金属币的收藏管理成本因人而异、因物而异，因此对收藏管理成本也忽略不计。

根据以上理论、方法和条件，在本书分析我国贵金属币的投资价值时，采用了以下的指标体系：

（1）价格指标系统：

不变成本（简称BB）；

零售价（简称 L）；

变动成本（简称 BD）；

市场价（简称 S）。

（2）直接指标系统：

零售价/不变成本（简称 L/BB）；

市场价/零售价（简称 S/L）；

市场价/不变成本（简称 S/BB）；

市场价/变动成本（简称 S/BD）。

（3）间接指标系统：

（市场价/零售价）/CPI 累计值（简称 CBZ）；

（市场价/零售价）/利息累计值（简称 LBZ）；

（市场价/零售价）/货币贬值幅度累计值（简称 HBZ）；

（市场价/不变成本）/贵金属基价比值（简称 GBZ－1）；

（市场价/变动成本）/贵金属基价比值（简称 GBZ－2）；

比较值综合评分（简称 BH）。

（4）市场交易活跃度指标系统：

成交顺畅——有价有市；

成交不畅——有价无市；

成交困难——无价无市。

关于以上指标系统中的有关问题，特别做如下必要说明：

（1）不变成本主要是指币种发行时的贵金属成本，也是当时的贵金属价值。变动成本主要是指贵金属价格变动后的币种贵金属成本，也是价格变动后的币种贵金属价值。

（2）直接指标系统，也可以叫做绝对指标系统。它是在没有考虑其他因素的情况下，币种自身价格参数的相互比较。其中市场价与变动成本的比值（S/BD），用于衡量贵金属价格变动后贵金属币的溢价能力。

（3）间接指标系统，也可以叫累计比较值系统或相对指标系统。它是在考虑了贵金属价格变动因素和收藏期间资金成本因素的情况下，币种的实际增值情况。也就是说，它是将贵金属价格变动、通货膨胀、货币贬值和同期存款利息等因素分别计入后，全面评价币种投资价值的指标系统。当 CBZ、LBZ、HBZ 和 GBZ－1 的数值分别大于 1 时，就可以判定这个币种的增值幅度分别跑赢了相应的经济指标；反之，也可以说明这个币种虽然有所增值，但没有跑赢相应的经济指标。

（4）比较值综合评分（BH）是在间接指标系统中，前五项比较值算数相加后的总数值。它是在分别对比各项经济指标之后，全面反映某一币种增值表现和抗跌能力的综合指标。比较值综合评分只适用于各币种之间的相对比较，如果单独使用则没有任何经济意义。

（5）市场交易活跃度指标系统，也是评价币种流动性和变现能力的指标系统。币种的流动性和变现能力将直接影响它们的市场价格和投资价值。

按照以上方法、条件和指标体系，在分析我国现代贵金属币的经济属性和投资价值时，采用了如下的数学模型和算法（见表1.1）：

表 1.1　　　　　　　　　　　主要数学模型及计算公式

计算项目		计算公式	公式说明
间接指标	CBZ	$CBZ = \dfrac{S/L}{f(x)}$ $f(x) = \prod\left(1+\dfrac{x_i}{100}\right)$ $(i=1,2,3,\cdots,n)$	S/L 为某币种市场价与零售价的比值，x_i 为该币种发行年份至 2011 年时间段内各对应年度的 CPI 值（%），n 为该币种发行年份至 2011 年的年数。
	LBZ	$LBZ = \dfrac{S/L}{f(y)}$ $f(y) = \left(1+\dfrac{y_n}{100}\right)^n$	S/L 为某币种市场价与零售价的比值，y_n 为该币种发行年份至 2011 年时间段内人民币存款的年平均复利（%），n 为该币种发行年份至 2011 年的年数。
	HBZ	$HBZ = \dfrac{S/L}{f(z,u)}$ $f(z,u) = \prod\left(1+\dfrac{z_i-u_j}{100}\right)$ $(i=1,2,3,\cdots,n)$ $(j=1,2,3,\cdots,n)$	S/L 为某币种市场价与零售价的比值，z_i 为该币种发行年份至 2011 年时间段内各对应年度的货币供应量 M2 的年度增长率（%），u_j 为该币种发行年份至 2011 年时间段内各对应年度的国民生产总值 GDP 的年度增长率（%），n 为该币种发行年份至 2011 年的年数。
	GBZ-1	$GBZ_1 = \dfrac{S/BB}{f(v,w)}$ $f(v,w) = \dfrac{w}{v_n}$	S/BB 为某币种市场价与不变成本的比值，v_n 为该币种发行时的贵金属成本，w 为该币种 2011 年的贵金属成本。
	GBZ-2	$GBZ_2 = \dfrac{S/BD}{f(v,w)}$ $f(v,w) = \dfrac{w}{v_n}$	S/BD 为某币种市场价与变动成本的比值，v_n 为该币种发行时的贵金属成本，w 为该币种 2011 年的贵金属成本。
	BH	$BH = S/L\left[1/f(x)+1/f(y)+1/f(z,u)\right]+\dfrac{1}{f(v,w)}\cdot(S/BB+S/BD)$	

表1.1(续)

计算项目	计算公式	公式说明
板块直接指标	$S/L = \dfrac{\sum_i^n (S_i \times A_i)}{\sum_i^n (L_i \times A_i)}$ $(i = 1, 2, 3, \cdots, n)$	S/L 为板块市场价与零售价的比值,S_i 为板块内某币种的市场价,L_i 为该板块内同一币种的零售价,A_i 为该币种的发行量,n 为该板块内的币种数。板块内其他直接指标的计算与此公式的原理相同,不再一一列举。
板块间接指标平均值(中位数)	$M = a_{\frac{n+1}{2}}$(n 为奇数) $M = \dfrac{a_{\frac{n}{2}} + a_{\frac{n}{2}+1}}{2}$(n 为偶数)	

众所周知,我国现代贵金属币的市场价格和贵金属价格是一组随经济环境不断变化的动态数据。在这种情况下,一般可以采用横断面法对它们某一时点的状况进行分析。也就是说,各项计算参数均取自同一固定时点,计算分析结果反映的是这一时点的状况。由于我国现代贵金属币市场的复杂性,很难采集到某一固定时点的完整准确数据。在不影响数据可靠性的基础上,从可操作性和适应性出发,在分析我国现代贵金属币 2011 年的市场状况时,使用了固定时段的方法采集各项数据,这一固定时段确定为 2011 年第四季度。本书的分析结果反映的是 2011 年底的市场状况。

1.3 "中国现代贵金属币信息分析系统ⓒ"的开发与应用

为全面分析我国现代贵金属币的市场状况和投资价值,笔者按照确定的指标系统和数学模型,使用统计学方法组织开发了"中国现代贵金属币信息分析系统ⓒ"(以下简称"信息分析系统"),同时按照以下标准和假设,确定了信息分析系统中的各项计算参数:

(1)"信息分析系统"录入的贵金属币的基础信息,主要根据中国金币总公司编著的《中华人民共和国贵金属纪念币图录》和中国人民银行公告,同时适当参考其他相关书籍、文献和资料。这些信息主要包括:项目名称、币种的材质、质量、重量和发行数量等数据。

(2)贵金属币的分类方法很多,本着避免交叉、简单易行的原则,"信息分析系统"把贵金属币分为熊猫、生肖、历史事件、历史人物、中华文化、体育运动、风景名胜、珍稀动物和其他共九大类别。

（3）贵金属币主要使用了黄金、白银、钯、铂等贵金属材料，而且币种技术特征繁多。"信息分析系统"以它们使用的不同材质为基础，在区分投资币和纪念币两大基本币种的同时，从不同工艺、技术角度出发，把全部贵金属纪念币分为 18 个具有不同特征的币种。

（4）"信息分析系统"所述的贵金属币公告发行量，主要是指中国人民银行在发行某一币种时，向社会公告的最大发行量。实际上，根据市场销售情况，其中有些币种的实际铸造量没有达到公告所宣布的发行量；有些已经铸造出的产品由官方进行了销毁操作；有些销售出去的产品又由官方进行了回收销毁操作；也有个别币种的实铸实售量大于公告宣布的发行量。

（5）"信息分析系统"所述的贵金属币实铸实售量，主要是指官方实际铸造及销售的数量。到目前为止，我国的主管部门还没有完整、准确、系统地公布过各个币种的实铸实售量。在本书中采录的实铸实售量数据，是根据官方已经公布的数据或其他权威统计资料的数据整理而得的。对于没有相关数据支持的币种，仍采录官方公布的公告发行量数据，而实际的实铸实售量可能小于"信息分析系统"统计的数据。因此，今后将根据官方的最新公告，不断对"信息分析系统"的相关数据进行调整。

特别提示：在本书以下的表述中，在没有特别说明时，均为实铸实售量数据，或以实铸实售量为基础计算出的数据。

（6）"信息分析系统"对贵金属币每个币种的发行数量，从小于等于 100 枚到大于 20 万枚，分为 12 个级别进行分类。

（7）"信息分析系统"对每种贵金属币的贵金属含量，从大于等于 1 千克到小于 1 盎司，分为 5 个级别进行分类。

（8）"信息分析系统"录入的每种贵金属币的零售价，按以下原则确定：

①2005 年（含 2005 年）以后发行的品种为官方公布的实际零售指导价。

②1979—2004 年发行的品种，按经过验证的公式计算确定。

（9）在贵金属币的整个生产成本中，贵金属成本占有极大的比重。在"信息分析系统"中，把贵金属币的成本简化为直接的贵金属成本，贵金属成本又分列为不变成本和变动成本。它们按以下原则确定：

①2005 年（含 2005 年）以后发行的币种，按该币种公告发行日的上海黄金交易所报出的当日加权平均价计算。上海黄金交易所没有报价的币种，按伦敦贵金属交易所的报价确定。

②1979—2004 年发行的币种，分年度按伦敦贵金属交易所公布的年度加权平均价计算。

③人民币对美元汇率取自中国人民银行公布的年度交易平均价。

④变动成本主要是指：按测算评估时段计算出的贵金属成本。2011年的变动成本按伦敦贵金属交易所公布的2011年度加权平均价计算。

（10）贵金属币的市场价格是不断变化的动态数据。"信息分析系统"中所述的2011年市场价按以下原则和时段确定：

①在2011年第四季度，境内外相关钱币拍卖会上有成交记录的币种，按拍卖成交价减佣金后的价格计算。

②在拍卖会上没有成交记录的币种，按上海卢工和北京马甸邮币卡交易市场提供的实际市场买入价计算。上述两个市场的报价分别由四个相互独立的系统报出。

③在2011年发行的币种中，录入了"上市一周市场价"和"上市三个月市场价"。

④上述拍卖成交价和市场买入价的最终确定，遵循客观、公正和审慎的原则。

（11）在"信息分析系统"中，设有一套"分析检索系统"。利用这套"分析检索系统"，可以根据不同需要，对所需的研究目标进行宏观和微观的定量分析研究。

（12）"信息分析系统"的部分数据，是在某些特定条件下经过数学模型运算而得的，因此存在系统误差。由于受到各种客观条件制约和主观水平影响，"信息分析系统"也存在缺陷和局限。

重要提示：本书计算出的各种间接指标值，是根据"信息分析系统"计算而得的，它的计算基础为各个币种发行时的零售价。它完全不反映收藏者、投资者在高于设定零售价的情况下购得币种的经济指标。

特别声明：通过本"信息分析系统"得出的分析结果仅供参考，本书作者和出版社对任何人、任何机构利用本书数据进行投机炒作造成的任何损失概不负责。

2 中国现代贵金属币 发行状况分析

"为庆祝中华人民共和国建国三十周年，国务院授权中国人民银行发行一套精装纪念金币……" 1979 年 5 月 19 日，新华社一条 250 多字的消息，向全世界公告了新中国将发行第一套贵金属纪念币。当年 9 月 1 日，这套纪念金币首先开始在香港面世，从此拉开了我国现代贵金属币（以下简称"贵金属币"）发行、销售的帷幕。

帷幕一经拉开，步子便不再停留，经过几十年的发展，我国现代贵金属币的项目主题已经涵盖古今中外政治、经济和文化的方方面面；币种规格琳琅满目、品种繁多，令人目不暇接；发行体系和规模更是不断扩大。回眸这段历史，我们仿佛看到了一幅展现中国钱币文化发展和市场繁荣的巨幅画卷。

2.1 贵金属币总体发行状况分析

1979—2011 年，我国现代贵金属币的总体发行状况见表 2.1。

表 2.1   1979—2011 年中国现代贵金属币发行状况统计表

币种	项目数（个）	币种总数（种）	总枚数（万枚）		总重量（万盎司）	
			公告发行量	实铸实售量	公告发行量	实铸实售量
贵金属币大盘	352	1843	7022.36	5831.65	5968.93	5145.25
纪念币	351	1660	3582.75	3334.80	3812.98	3572.09
投资币	30	183	3439.60	2496.84	2155.95	1573.15

如表 2.1 所示，在这一期间，我国现代贵金属币共计发行 352 个项目、1843 个币种、实铸实售量总数量 5831.65 万枚、总重量 5145.25 万盎司。其中贵金属纪念币（简称"纪念币"）共计发行 351 个项目、1660 个币种、实铸实售量总数量 3334.80 万枚、总重量 3572.09 万盎司；贵金属投资币（简称"投

资币") 共计发行 30 个项目、183 个币种、实铸实售量总数量 2496. 84 万枚、总重量 1573. 15 万盎司。

从发行的币种情况看, 纪念币占 90.07%, 投资币占 9.93%; 从发行的数量看, 纪念币占 57.18%, 投资币占 42.82%; 从发行的重量看, 纪念币占 69.43%, 投资币占 30.57%。由此可见, 在发行的币种上, 虽然纪念币占有较大比重, 但在发行的数量和重量上, 投资币却仍占据了举足轻重的位置。

另外从表 2.1 中还可以看到, 在公告发行量与实铸实售量之间的对比中, 纪念币的差距较小, 投资币的差距较大。

2.2　贵金属纪念币发行状况分析

贵金属纪念币是我国现代贵金属币体系中最重要的组成部分, 它涵盖了贵金属币中绝大部分的项目和币种, 具有极其丰富的文化内涵与技术内涵, 发行的数量和重量也决定了它的重要地位。

2.2.1　贵金属纪念币发行项目状况分析

到 2011 年, 中国人民银行发行各种主题的贵金属纪念币项目共计 351 个。它们分为: 熊猫主题 76 个、生肖主题 34 个、历史事件主题 49 个、历史人物主题 32 个、中华文化主题 78 个、体育运动主题 31 个、风景名胜主题 16 个、珍稀动物主题 8 个、其他主题 27 个。其中中华文化主题和熊猫主题是最大的两个板块, 占据了整个项目主题的半壁江山。在中华文化主题中, 包括古典义学名著、古代科技发明发现、宗教、名画、京剧艺术、黄河文化、丝绸之路、传统文化 (文化、民俗和神话)、出土文物、麒麟、龙凤等众多主题。项目的主题分布见图 2.1。

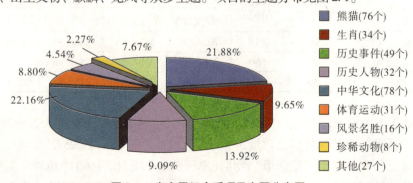

图 2.1　贵金属纪念币项目主题分布图

这些项目按发行年度统计（见附录中的附图1），呈螺旋上升态势。其中1979—1988年的前10年，共计发行43个项目，每年平均不到5个，属初始发展阶段。1989—1999年的11年间，共计发行项目165个，平均每年15个，属快速发展时期。其中1995—1999年共发行项目101个，平均每年20个，属于高速发展时期。特别需要指出的是，1997年共计发行24个项目，达到年度发行项目的峰值。2000—2011年的后12年，发行项目的节奏趋于平缓，在这期间共计发行143个项目，平均每年接近12个，处于相对稳定的发展阶段。但其中的2011年，发行项目的数量又有明显增长，达到19个。

2.2.2 贵金属纪念币发行币种、规格状况分析

到2011年底，贵金属纪念币共计发行了1660个币种，币种分布见表2.2。

表2.2　　　　　　　　贵金属纪念币发行币种分类统计表　　　　　单位：个

工艺种类		金（Au）	银（Ag）	钯（Pd）	铂（Pt）	合计
普制	普制本色	39	64			103
	普制异形本色	12	12			24
	普制加字	18	30			48
	普制镀金加字		10			10
	普制镀金		2			2
	普制方孔	1	1			2
精制	精制本色	464	568	3	1	1036
	精制彩色	55	105			160
	精制异形本色	62	82			144
	精制异形彩色	9	31			40
	精制双金属	20				20
	精制本色加字				54	54
	精制嵌金加字		1			1
	精制彩色镀金		2			2
	精制双金属加字	3				3
	精制幻彩	5	1			6
	精制方孔	1	1			2
	精制喷砂		3			3
合计		689	913	3	55	1660

如表2.2所示，在1660个币种中按贵金属材质分类，其中使用黄金铸造的

币种共计 666 种，占全部币种数的 40.12%；使用金银双金属铸造的币种共计 23 种，占 1.39%；使用白银铸造的币种共计 913 种，占 55.00%；使用铂金铸造的币种 55 种，占 3.31%；使用钯金铸造的币种共计 3 种，占 0.18%。

按铸造的技术标准分类，其中的普制币 189 种，占 11.39%；精制币 1471 种，占 88.61%。

按纪念币的外形分类，其中圆形币 1452 种，占 87.47%；异形币 208 种，占 12.53%。

按币种铸造的工艺技术分类：本色币 1458 种，占 87.83%；彩色币 202 种，占 12.17%；表面镀金币 14 种，占 0.84%；表面激光幻彩币 6 种，占 0.36%；方孔币 4 种，占 0.24%；表面喷砂币 3 种，占 0.18%；镶嵌黄金币 1 种，占 0.06%。

按照重量等级分类，其中大于等于 1 千克的币种共计 104 种，小于 1 千克大于等于 5 盎司的币种共计 349 种，小于 5 盎司大于等于 1 盎司的币种 902 种，小于 1 盎司的币种 305 种。

在 1660 个币种中，按照"项目主题"分类的币种分布情况见图 2.2。

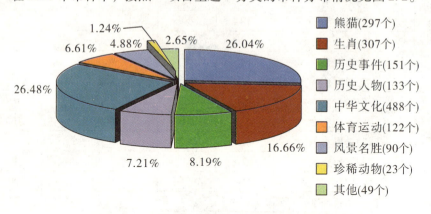

图 2.2　贵金属纪念币按项目分类的币种分布图

从图 2.2 可以看到：中华文化主题 488 个币种、生肖主题 307 个币种、熊猫主题 297 个币种，这三项合计 1092 个币种，为发行总数的 65.78%，是纪念币发行币种的重头戏。在中华文化主题中，主要有佛教主题 93 个币种、古代科技发明发现主题 87 个币种、古典文学名著主题 76 个币种、名画主题 63 个币种、麒麟主题 41 个币种、京剧主题 30 个币种。生肖主题从 1981 年开始发行，至今已经接近三轮。

在 1660 个币种中，按照年度板块分类的分布情况见附录中的附图 2。

如附图 2 所示，与发行项目的情况相类似，在 1990—1999 年的 10 年间，共计发行币种 902 个，年均超过 90 个，占到币种总数的 54.34%。其中 1995 年和 1997 年分别发行了 148 个和 126 个币种，是币种年度发行数量的两个峰值点。发行币种最少的年份是 1981 年，仅为 8 个。

关于贵金属纪念币发行币种的规格统计见表 2.3。

表 2.3　　　　　　　贵金属纪念币重量规格统计表

金币重量规格	银币重量规格	铂币重量规格	钯币重量规格	合计（种）
10 千克				1
5 千克				1
1 千克	1 千克			2
18 两				1
20 盎司	20 盎司			2
12 盎司	12 盎司			2
3.3 两	3.3 两			2
5 盎司金 +2 盎司银				1
5 盎司	5 盎司			2
2 盎司	2 盎司			2
	44 克			1
1 盎司	1 盎司	1 盎司	1 盎司	4
	30 克			1
	27 克			1
	24 克			1
	22 克			1
	2/3 盎司			1
20 克	20 克			2
16 克				1
1/2 盎司金 +1/5 盎司银				1
1/2 盎司金 +1/20 盎司银				1
1/2 盎司	1/2 盎司	1/2 盎司	1/2 盎司	4
	15 克			1
1/3 盎司金 +1/6 盎司银				1

表2.3(续)

金币重量规格		银币重量规格	铂币重量规格	钯币重量规格	合计(种)
1/3 盎司					1
10 克		10 克			2
8 克					1
1/4 盎司金 + 1/8 盎司银					1
1/4 盎司		1/4 盎司	1/4 盎司		3
1/10 盎司金 + 1/28 盎司银					1
1/10 盎司			1/10 盎司		2
		2 克			1
1/20 盎司		1/20 盎司	1/20 盎司		3
1/25 盎司					1
1 克					1
合计	27	20	5	2	54

从表2.3中可以看到，按照贵金属含量分类，贵金属纪念币共计发行了54种不同重量规格的币种，其中金币27种、银币20种、铂币5种、钯币2种。我国发行铸造的最大重量的纪念币是以生肖、奥运和千禧年为题材的10千克金币，最小重量的纪念币是1克的马可·波罗肖像金币、龙凤金币和熊猫金币。

2.2.3 贵金属纪念币发行数量状况分析

我国发行贵金属纪念币的数量分类统计见表2.4。

表2.4 **贵金属纪念币数量分类统计表**

统计分析项目	公告发行量（万枚）	实铸实售量（万枚）	公告量/实铸量百分比（％）
发行总数量	3582.75	3334.80	93.08
套装总数，其中：	696.67	632.98	90.86
金币套装数	21.77	13.55	62.25
银币套装数	286.57	235.16	82.06
金银币套装数	388.29	384.24	98.96

表2.4(续)

统计分析项目	公告发行量（万枚）	实铸实售量（万枚）	公告量/实铸量百分比（%）
铂币套装数	0.03	0.03	100.00
不同金属分类，其中：			
金币	761.79	665.51	87.36
金银双金属币	7.30	5.33	73.04
银币	2782.03	2639.83	94.89
铂币	29.72	22.39	75.34
钯币	1.90	1.73	91.05
不同质量等级分类，其中：			
普制币	975.40	962.89	98.72
精制币	2607.35	2371.91	90.97
不同重量等级总数，其中：			
大于等于1千克	20.62	20.39	98.88
小于1千克大于等于5盎司	268.61	257.33	95.80
小于5盎司大于等于1盎司	2829.73	2684.83	94.88
小于1盎司	463.77	372.23	80.26
不同技术特征分类，其中：			
圆形币	3277.38	3045.55	92.93
异形币	305.37	289.25	94.72
本色币	2680.76	2441.73	91.08
彩色币	901.99	893.07	99.01
镀金币	65.00	65.00	100.00
幻彩币	18.70	16.56	88.56
方孔币	16.28	16.28	100.00
喷砂币	0.30	0.30	100.00

从表2.4中可以看到，几十年来贵金属纪念币实铸实售量共计发行了3334.80万枚，其中纪念金币665.51万枚，占纪念币发行总量的19.96%；纪

念银币 2639.83 万枚，占纪念币发行总量的 79.16%。纪念银币的发行数量接近纪念金币的 4 倍。

按其他分类方式统计的实铸实售数量分别如下：

普制纪念币 962.89 万枚，占纪念币发行总量的 28.87%；精制纪念币 2371.91 万枚，占纪念币发行总量的 71.13%。精制纪念币的铸造数量接近普制纪念币铸造数量的 2.5 倍。

圆形纪念币 3045.55 万枚，占纪念币发行总量的 91.33%，异形纪念币 289.25 万枚，占纪念币发行总量的 8.67%。

本色纪念币 2441.73 万枚，占纪念币发行总量的 73.22%；彩色纪念币 893.07 万枚，占纪念币发行总量的 26.78%。

在小于 5 盎司大于等于 1 盎司的范围内共计发行纪念币 2684.83 万枚，占纪念币发行总量的 85.51%，是发行数量最大的区间。

纪念币的实铸实售量应该在公告发行量的 93.08% 以下。

按项目主题板块统计的铸造数量分布见图 2.3。

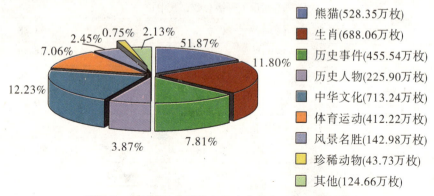

图例：
- 熊猫(528.35万枚)
- 生肖(688.06万枚)
- 历史事件(455.54万枚)
- 历史人物(225.90万枚)
- 中华文化(713.24万枚)
- 体育运动(412.22万枚)
- 风景名胜(142.98万枚)
- 珍稀动物(43.73万枚)
- 其他(124.66万枚)

图 2.3　贵金属纪念币按项目分类的发行数目分布图

如图 2.3 所示，中华文化板块、生肖板块和熊猫板块是发行数量最大的三个板块，它们的发行数量分别为 713.24 万枚、688.06 万枚和 528.35 万枚，合计占纪念币发行总量的 57.86%，占据了发行总量的半壁江山。发行数量最小的板块是珍稀动物主题板块，总数量为 43.73 万枚，占纪念币发行总量的 1.31%。

按年度板块统计的纪念币铸造数量分布见附录中的附图 3。如附图 3 所示，1979—1988 年的前 10 年间，纪念币的年均发行数量为 15.70 万枚。1989—1999 年的 11 年间，纪念币的年均发行数量为 122.51 万枚。2000—2011 年的后

12 年间，纪念币的年均发行数量上升到 152.48 万枚。在年度发行数量的走势图上，还可以看到 1979 年和 2011 年的两个峰值点，它们分别为 366.26 万枚和 274.76 万枚。从以上数据可以知道，我国贵金属纪念币的发行数量正以螺旋式的发展势态不断增长，其中出现的峰值与很多因素有关，它往往预示着市场发展的阶段性信号。

2.2.4　贵金属纪念币发行重量状况分析

我国发行贵金属纪念币的重量分类统计见表 2.5。

表 2.5　　　　　　　　贵金属纪念币发行重量分类统计表

统计分析项目	公告发行量（万盎司）	实铸实售量（万盎司）	公告量/实铸量百分比（%）
发行总数量	3812.89	3572.09	93.68
不同金属分类，其中：			
黄金	238.04	202.89	85.23
白银	3569.73	3364.72	94.26
铂	4.10	3.53	86.03
钯币	1.10	0.93	84.55
不同质量等级分类，其中：			
普制币	781.00	776.90	99.48
精制币	3031.97	2795.18	92.19
不同重量等级分类，其中：			
大于等于 1 千克	667.81	660.36	98.88
小于 1 千克大于等于 5 盎司	601.03	559.47	93.09
小于 5 盎司大于等于 1 盎司	2378.64	2215.56	93.14
小于 1 盎司	165.48	136.68	82.60
不同技术特征分类，其中：			
圆形币	3364.59	3146.89	93.53
异形币	448.39	425.24	94.84
本色币	2720.36	2488.39	91.47
彩色币	1092.62	1083.70	99.18

表2.5(续)

统计分析项目	公告发行量 （万盎司）	实铸实售量 （万盎司）	公告量/实铸量 百分比（%）
镀金币	83.69	83.09	99.28
幻彩币	6.57	6.35	96.65
方孔币	19.82	19.82	100.00
喷砂币	0.15	0.15	100.00

如表2.5所示，到2011年底贵金属纪念币实铸实售共计发行3572.09万盎司。其中用黄金铸造202.89万盎司，占纪念币发行总重量的5.68%；用白银铸造3364.72万盎司，占纪念币发行总量的94.19%。从发行重量上看，纪念银币是纪念金币的16倍多。

按其他分类方法统计的发行重量分别如下：

普制纪念币776.90万盎司，占纪念币发行总量的21.75%；精制纪念币2795.18万盎司，占纪念币发行总量的78.25%。

圆形纪念币3146.89万盎司，占纪念币发行总量的88.10%；异形纪念币425.24万盎司，占纪念币发行总量的11.90%。

本色纪念币2488.39万盎司，占纪念币发行总量的69.66%；彩色纪念币1083.70万盎司，占纪念币发行总量的30.34%。

在小于5盎司的范围内，共计发行纪念币2352.24万盎司，占纪念币发行总量的65.85%。

纪念币实铸实售的总重量应该在公告发行量的93.68%以下。

按项目主题板块统计的纪念币发行重量见图2.4。

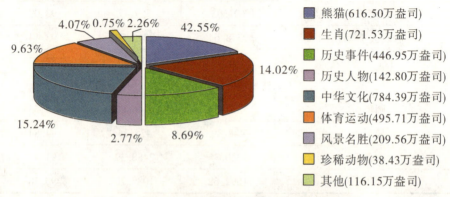

图2.4　贵金属纪念币按项目分类的发行重量分布图

如图2.4所示，中华文化板块、生肖板块和熊猫板块同样占据前三的位置，它们的发行重量分别为784.39万盎司、721.53万盎司和616.45万盎司，共计2122.37万盎司，占纪念币发行总重量的59.41%。发行重量最小的板块仍然是珍稀动物板块，总重量为38.43万盎司，占纪念币发行总重量的1.07%。

按年度板块统计的纪念币发行重量见附录中的附图4。

从附图4中可以看到，1979—1985年的7年时间里合计发行纪念币38.62万盎司，年均5.52万盎司。1986—1996年，纪念币的发行重量向上迈了一个小的台阶，在这11年时间里共计发行纪念币525.69万盎司，年均47.79万盎司。从1997年开始，纪念币的年度发行总重量开始陡然上升，到2011年底共计发行纪念币3010.31万盎司，从此达到年均发行总重量200万盎司的新规模。其中的1997年和2011年，出现了纪念币年度发行总重量的两个峰值点，它们分别为323.16万盎司和355.16万盎司，与纪念币发行数量的峰值点完全吻合。结合市场波动的现实情况，对这两个峰值点的内在含义和信号应该认真研究。另外，从附图4中还可以看到，除20世纪90年代末期的突变区间之外，纪念币年度发行的总重量与贵金属价格走势有明显的契合关系。当贵金属价格上涨时，发行的重量就随之上升。

2.3　贵金属投资币发行状况分析

贵金属投资币也是我国现代贵金属币体系中重要的组成部分，它由投资金币和投资银币组成。

贵金属投资金币从1982年开始发行，除1982年发行4种规格外，其他年份每年均发行有1/20盎司、1/10盎司、1/4盎司、1/2盎司和1盎司五种规格。贵金属投资银币有1盎司和1/2盎司两种规格。1盎司投资银币从1989年开始发行至今；1/2盎司投资银币从1993年开始发行，1998年终止。我国的贵金属投资币每年都在变换图案，共有183个币种。

贵金属投资币共计发行2496.84万枚，其中投资金币1283.18万枚，占51.39%；投资银币1213.66万枚，占48.61%。投资金币和投资银币按不同规格统计的发行数量详见图2.5和图2.6。

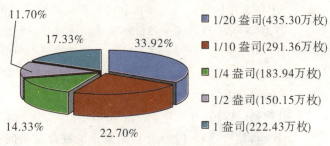

图 2.5　贵金属投资币（金币）按规格分类的发行数量分布图

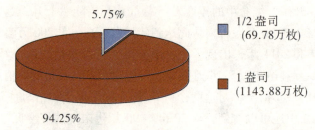

图 2.6　贵金属投资币（银币）按规格分类的发行数量分布图

如图 2.5 和图 2.6 所示，1/20 盎司投资金币的发行数量最大，占投资金币发行总数量的 33.92%；1 盎司投资银币的发行数量是 1/2 盎司投资银币的 16.39 倍。按发行数量统计，投资金币和投资银币的实铸实售量分别为公告发行量的 70.25% 和 75.23%。

贵金属投资币共计发行 1573.15 万盎司，其中投资金币 394.39 万盎司，占 25.07%；投资银币 1178.76 万盎司，占 74.93%。投资金币和投资银币按不同规格统计的发行重量分别详见图 2.7 和图 2.8。

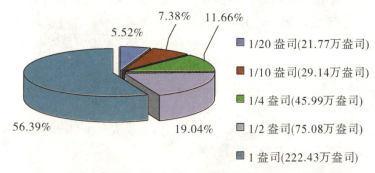

图 2.7　贵金属投资币（金币）按规格分类的发行重量分布图

如图 2.7 和图 2.8 所示，1 盎司投资金币的发行总重量最大，占投资金币

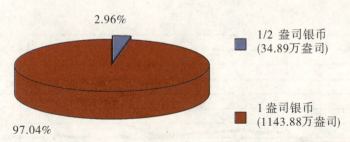

图2.8　贵金属投资币（银币）按规格分类的发行重量分布图

发行总量的 56.39%；1 盎司投资银币的发行重量是 1/2 盎司投资银币的 32.78 倍。按发行的重量统计，投资金币和投资银币的实铸实售量分别为公告发行量的 67.66% 和 74.93%。

贵金属投资金币和投资银币按年度统计的发行重量分别见图 2.9 和图 2.10。

图 2.9　1982—2011 年贵金属投资币（金币）按年度分类的发行重量分布图

如图 2.9 所示，从 1982 年起，投资金币的发行重量逐年上升，到 1988 年达到 47.97 万盎司，是这一期间发行投资金币的最大值，也是 30 年来投资金币实际发行重量的最大值。这一期间我国的投资金币主要在境外销售，并且形成了一次高潮。从 1989 年起投资金币呈波浪式下探走势，直至 1998 年起才开始随着金价的不断上升而从低谷中走出，开始步入上升通道，至 2011 年达到 45.26 万盎司，并有进一步攀升的态势。目前投资金币的销售以国内为主。

如图 2.10 所示，从 1989 年开始发行投资银币以来，年度的发行重量呈现比较标准的正态分布，随着银价的不断上升而稳定提高，它的年度发行重量已经从 1989 年的 25 万盎司，发展到 2011 年的 377.65 万盎司。目前全部投资银币的发行总重量已经达到贵金属币发行总重量的 22.90%，对整个贵金属币的

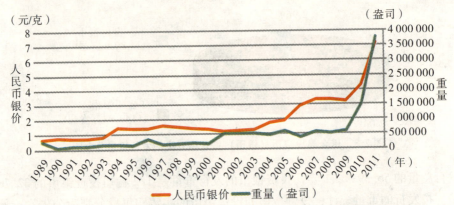

图 2.10　1989—2011 年贵金属投资币（银币）按年度分类的发行重量分布图

发行规模起到了重要拉动作用。

2.4　贵金属币与国际国内相关行业的对比分析

从以上数据和分析可以看到，33 年来我国贵金属币的容量和规模正在不断扩大。在自身发展的同时，与国内国际其他相关行业对比，我国的现代贵金属币又处在一个怎样的位置呢？

实际上，与相关行业的全面对比可以有很多内容和方法。由于缺乏全面、系统、准确和权威的数据，而且金币在贵金属币中具有标志性特征，因此本书仅就黄金用量的情况，与有关行业进行试探性对比分析。

根据世界黄金协会发行的《黄金年鉴》统计，近十年国内黄金首饰消费用金量与我国金币用金量的对比数据详见表 2.6。

表 2.6　　　　　2002—2011 年国内首饰用金与金币用金对比分析表

年份	中国首饰消费 （吨）	中国金币年度黄金用量 （吨）	金币用金/首饰用金 （％）
2002	199.6	3	1.50
2003	201.1	4.3	2.14
2004	224.1	5.4	2.41
2005	241.4	5	2.07
2006	244.7	7.1	2.90

表2.6(续)

年份	中国首饰消费 (吨)	中国金币年度黄金用量 (吨)	金币用金/首饰用金 (%)
2007	303.2	8.6	2.84
2008	340.6	8.3	2.44
2009	376.3	8.2	2.18
2010	451.8	10.1	2.24
2011	510.9	21.3	4.17

如表2.6所示,十年来我国的官方造币用金量和国内首饰用金量都在快速增长。其中造币用金量的年增长率(剔除2011年的突变值)为14.44%,同期首饰用金量的增长率为9.50%,造币用金量的增长速度大约快于首饰用金量增长速度5个百分点。但是从绝对数值来看,造币用金量始终没有超过黄金首饰消费量的5%,处于我国黄金消费市场的末端。

近十年国际官方铸币用金量与我国金币用金量的对比数据见表2.7。

表2.7 2002—2011年国际官方金币用金量与国内金币用金量对比分析表

单位:吨

年度 国别	2002	2003	2004	2005	2006	2007	2008	2009	2010	2011
美国	11.5	16.1	18.0	14.0	27.5	19.0	31.8	50.9	45.2	37.6
土耳其	30.2	47.2	47.0	52.0	56.7	56.7	53.1	30.9	35.6	58.9
加拿大	11.0	6.7	8.8	10.2	8.3	9.0	27.6	38.2	35.0	36.2
奥地利	6.8	6.5	8.0	7.2	4.4	5.3	24.9	33.4	18.5	21.7
南非	1.6	2.9	3.5	1.5	2.4	6.8	8.7	23.2	20.4	24.1
伊朗	6.2	4.8	4.6	4.2	4.0	4.5	5.3	7.6	9.4	9.6
澳大利亚	2.9	3.4	5.2	4.4	5.3	5.6	9.6	11.0	9.5	11.0
俄罗斯	0.4	1.0	1.4	0.9	1.6	4.3	5.7	6.5	5.6	4.6
德国	10.9	6.2	6.2	5.5	5.5	5.5	5.5	5.5	5.5	5.5
墨西哥	3.5	1.0	1.3	1.9	1.4	1.2	2.5	3.4	3.8	1.9
英国	2.9	3.0	3.2	3.3	3.5	3.4	4.3	4.8	4.5	6.2
其他国家	5.7	3.6	3.7	3.1	2.4	3.2	5.3	8.2	7.5	8.0
世界小计	93.6	102.4	110.9	108.2	123.0	124.5	184.3	223.6	200.5	225.3

表2.7(续)

年度 国别	2002	2003	2004	2005	2006	2007	2008	2009	2010	2011
中国 (大陆地区)	3	4.3	5.4	5	7.1	8.6	8.3	8.2	10.1	21.3
世界合计	96.6	106.7	116.3	113.2	130.1	133.1	192.6	231.8	210.6	246.6
中国/世界 (%)	3.11	4.03	4.64	4.42	5.46	6.46	4.31	3.54	4.80	8.64

如表 2.7 所示，近十年来我国金币的黄金用量一直处于世界各国排序的前十位之内、前五位之后，是金币销售的主要国家之一。按世界全部造币用金量的百分比计算，我国的造币用金量始终处于 3% ~9% 之间，呈螺旋上升态势。在这里需要特别指出的是，有关资料显示，我国的贵金属纪念币发行数量已经处于世界领先位置。在用金总量上与前五位国家相比，我们的差距主要在于真正的投资性金币发行不足。

2.5　本章小结

通过全面分析我国现代贵金属币的发行状况，以下方面值得分析研究：

（1）随着国家经济总量的迅速扩大和人民生活水平的不断提高，我国现代贵金属币的发行规模也不断增长。按发行的总重量计算，1979—2011 年，每年平均的增长速度为 21.38%，大大超过国民经济的平均增长速度。这一发展速度是以 350 多个项目、1800 多个币种、5800 多万枚贵金属币为依托，全面展现了我国悠久的历史文化和国家发展的伟大历史进程，是我国钱币文化发展史上的重要一页。

（2）在我国现代贵金属币 33 年的发展历史中，前十几年以境外市场为主，发展速度较慢。从 20 世纪 90 年代中期开始，销售市场发生了重大转变，国内市场成为了销售的主体，发行的项目、币种、数量和重量都有了很大变化，带动了整个发行规模的迅速扩大。由此可以得出一个明确结论：中国贵金属币的主要市场在中国境内。这一结论应该对贵金属币的国内外销售政策和分配比例有重要指导意义。

（3）与其他市场一样，我国现代贵金属币的市场发展也有周期性。这种周期性除了受外部环境影响外，也有它内在的规律。从分析我国贵金属币的发行状况看，已有大量数据可以反映这种内在规律。其中需要特别提出的是1997年和2011年这两个峰值点。在这两个峰值点之后，国内钱币市场都发生了较大波动。我们应该认真研究和探索其中的深层次原因。

（4）从以上的分析中还可以看到，20世纪90年代中后期，发行的项目和币种都呈现出爆发式增长，出现了我国贵金属币题材的大量开发和使用。虽然现在距离那段时间已经十多年，但那种发展模式的利弊如何判断？对之后的项目开发有何影响？今后的贵金属币发行管理模式应该从中吸取哪些经验和教训？这些问题都值得我们认真思考。

（5）虽然我国贵金属币的发行总量与自身早期的情况相比已经有了很大的发展，但与国际国内相关行业对比，还有较大的差距和发展空间。加快发展，不能只看一些简单的数字，更不能不顾市场承受能力盲目扩大发行规模。正确的态度应该是，认真分析造成差距的原因和深层次问题，从科学发展观的总要求出发，建立健全适合市场进一步发展的发行管理模式和销售体制，不断改善市场环境，扎扎实实地做好培育市场工作，注重提高市场体系的质量。只要创造条件、打好基础，发行规模的不断扩大就会水到渠成。

3 中国现代贵金属币 投资价值分析

　　几十年来，随着我国现代贵金属币发行项目、品种和规模的不断扩大，十分有必要从经济层面全面深入地分析这个收藏品板块的投资价值。

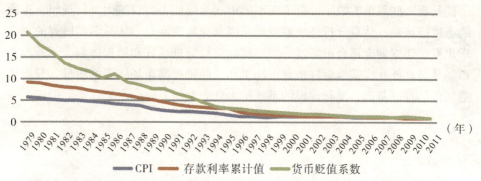

图 3.1　CPI 累计值、存款利率累计值、货币贬值系数累计值（1979—2011 年）趋势图

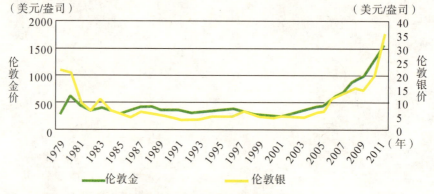

图 3.2　伦敦贵金属市场年度加权平均价格（1979—2011 年）走势图

　　本书将遵循相关理论和方法，同时利用"中国现代贵金属币信息分析系统©"，以及设定的一系列条件，对我国现代贵金属币的投资价值进行分析。其

中 CPI、存款利率和货币贬值系数三项累计值的分布状态见图 3.1。1979—2011 年伦敦贵金属市场的金银年度加权平均价格走势见图 3.2。

3.1　贵金属币总体投资价值分析

经过"信息分析系统"计算，我国现代贵金属币的三大类经济指标如下：

3.1.1　价格指标

贵金属不变成本总值（BB）：274.71 亿元人民币；
零售价总值（L）：452.64 亿元人民币；
贵金属变动成本总值（BD）：713.98 亿元人民币；
市场价总市值（S）：1541.89 亿元人民币。

3.1.2　直接指标

零售价/不变成本（L/BB）：1.648；
市场价/不变成本（S/BB）：5.613；
市场价/零售价（S/L）：3.406；
市场价/变动成本（S/BD）：2.160。

3.1.3　间接指标

（市场价/零售价）/CPI 累计值（CBZ）：3.063；
（市场价/零售价）/利息累计值（LBZ）：2.324；
（市场价/零售价）/货币贬值幅度累计值（HBZ）：1.636；
（市场价/不变成本）/贵金属基价比值（GBZ-1）：3.744；
（市场价/变动成本）/贵金属基价比值（GBZ-2）：1.037；
比较值综合评分（BH）：11.917。

通过以上数据可以看到：①到 2011 年底，贵金属币的市场价总值大约不超过 1541.89 亿元人民币。②贵金属不变成本总值与零售价总值的差额为 177.93 亿元人民币。③扣除零售价总值后，大盘整体增值 1089.25 亿元人民币。④在大盘整体增值幅度中，贵金属成本上涨带来的贡献大约占 40.32%。也就是说，由于贵金属价值上涨，使贵金属币的市值基础大幅提高。由此可以推论，贵金属价格的涨跌，必将对贵金属币的价格走势和总市值带来直接影响。另外，从总市值1541.89亿元人民币的绝对数值来看，虽然不能说是一个很小的数字，但与我国目前的经济总量以及其他种类的收藏品市场相比，体量和规模仍然较小，还有进一步发展的空间。

在直接指标中可以看到，贵金属币大盘的市场价与零售价之比（S/L）为3.406，扣除贵金属价格上涨因素，市场价与变动成本之比（S/BD）为2.160。也就是说，贵金属币的总市值与贵金属变动成本相比，上涨了116%。这个总体上涨幅度反映的正是法定货币溢价因素带来的收藏价值。

在间接指标中可以看到，贵金属币大盘的增长幅度，是同期CPI的3.063倍，是同期存款利率的2.324倍，是同期货币贬值系数的1.636倍。虽然笔者没有充分数据与其他种类的投资进行优劣比较，但从总体上说，收藏和投资贵金属币可以起到保值增值的作用。

贵金属币总体上能保值增值，并不能说明其中每个币种都必然会保值增值。根据"信息分析系统"统计的数据，没有跑赢CPI的币种占5.46%，没有跑赢同期存款利率的币种占12.62%，没有跑赢货币贬值速度的币种占26.51%。从这些数据中可以明显看到，在品种繁多的贵金属币中，不同币种之间的保值增值性能存在很大差异。在对这些币种进行具体分析时可以发现，在它们之中没有特别明显的年度分布特征，主要是受到币种发行量、题材和基础价格水平的影响。其中有不少中早期发行的币种或大规格币种，虽然绝对增值幅度（S/L值）都上涨了十几倍，但与各项经济指标相比还是显得逊色不少，因此在购买和投资贵金属币时，币种的选择极其重要。

3.2 贵金属币各主要板块投资价值分析

在贵金属币各主要板块投资价值的分析中，主要包括贵金属纪念币和投资币板块、贵金属纪念币板块内的主要二级板块、贵金属熊猫币板块以及贵金属币2011年板块：

3.2.1 贵金属投资币与纪念币板块投资价值分析

贵金属纪念币和贵金属投资币的主要经济指标见表3.1。

表 3.1   贵金属币大盘、纪念币板块、投资币板块各项指标统计表

	指标	贵金属币大盘	贵金属纪念币大盘	贵金属投资币大盘
价格指标	贵金属不变成本总值（人民币亿元）	274.71	117.15	157.56
	零售价总值（人民币亿元）	452.64	274.62	178.02
	变动成本总值（人民币亿元）	713.98	286.93	427.04
	市场价总市值（人民币亿元）	1541.89	946.82	595.06
直接指标	零售价/不变成本（L/BB）	1.648	2.344	1.130
	市场价/不变成本（S/BB）	5.613	8.082	3.777
	市场价/零售价（S/L）	3.406	3.448	3.343
	市场价/变动成本（S/BD）	2.160	3.300	1.393
间接指标	CPI 比较值（CBZ）	3.063	3.149	2.564
	存款利率比较值（LBZ）	2.324	2.470	1.814
	货币贬值系数比较值（HBZ）	1.636	1.718	1.245
	贵金属基价比较值（GBZ-1）	3.744	4.345	1.323
	贵金属基价比较值（GBZ-2）	1.037	1.189	0.474
	比较值综合评分（BH）	11.917	25.288	7.246

如表 3.1 所示，纪念币板块和投资币板块的总市值分别占到大盘的61.41%和38.59%，在不变成本总值中，这两个板块所占的比例分别为42.61%和57.35%，形成了明显的"剪刀差"。纪念币板块和投资币板块的总体增值幅度分别为672.20亿元人民币和249.02亿元人民币；在这个增值幅度中，由于贵金属价格上涨带来的影响分别占25.26%和64.62%。由此可以看到，纪念币的总体增值幅度大大高于投资币的增值幅度，投资币的价值更容易受到贵金属价格波动的影响。

纪念币和投资币各项经济指标分析解读的示意图见图3.3和图3.4。

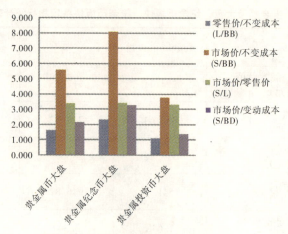

图 3.3　贵金属币大盘、纪念币板块、
投资币板块各项指标分析示意图

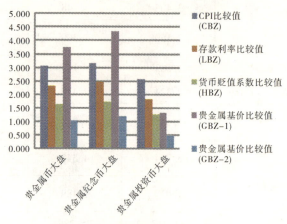

图 3.4　贵金属币大盘、纪念币板块、
投资币板块各项指标分析示意图

　　如图 3.3 和图 3.4 所示，纪念币板块的各项直接指标均高于大盘，而投资币板块的各项直接指标均低于大盘。其中纪念币板块的整体增值幅度大于变动成本的 2.3 倍，而投资币板块的整体增值幅度仅高于贵金属变动成本价值的 39.30%。

　　在间接指标中，首先应该看到纪念币板块和投资币板块的各项指标均大于 1，也就是说这两个板块从总体看均具备保值增值功能。但纪念币板块明显优于投资币板块。

通过以上分析可以看到：从一般意义讲，长期收藏投资币并不比收藏纪念币有优势。购买投资币主要应该不断利用贵金属价格的波动，从低买高卖的套利操作中获利。在国际上，这是投资币获取投资回报的最主要途径。

3.2.2 贵金属纪念币项目主题板块投资价值分析

贵金属纪念币项目主题板块的三项经济指标见附录中的附表 1，有关分析解读的示意图见图 3.5、图 3.6、图 3.7 和图 3.8。

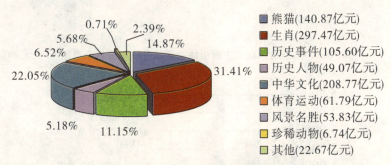

图 3.5　纪念币项目主题板块市场价分布图

如图 3.5 所示，在项目主题分类中，总市值排在前三位的板块依次是：生肖 297.47 亿元人民币、"其他" 226.67 亿元人民币、中华文化 208.77 亿元人民币，市值最低的板块是珍稀动物，为 6.74 亿元人民币。

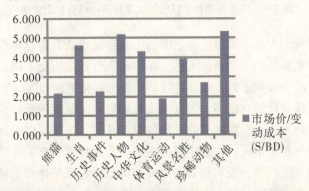

图 3.6　纪念币项目主题板块（总市值/变动成本）分布图

如图 3.6 所示，各种项目主题的 S/BD 值分布情况中，"其他" 板块表现最优，体育运动板块表现最差。

特别说明：为方便对比，在各种板块直接指标和间接指标的分析中，将贵金属币大盘和贵金属纪念币板块的相应指标作为参照指标。

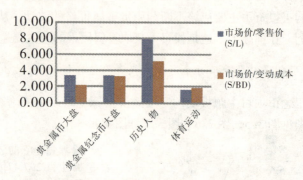

图 3.7 纪念币项目主题板块主要经济指标分析示意图

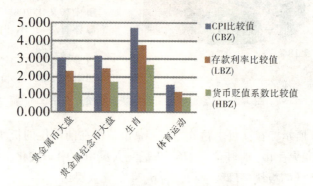

图 3.8 纪念币项目主题板块主要经济指标分析示意图

在直接指标中，总市值排位第七的历史人物板块跃升为总体表现最优的板块，而体育运动板块仍旧最不如人意。如图 3.7 所示，历史人物板块的主要直接指标均明显高于参照指标，而体育运动板块的直接指标却落后于参照指标。

在各项间接指标的对比中，生肖板块最后显示出最优的投资价值，而体育运动板块仍然处于大盘平均水平的最低位置。从图 3.8 中可以看到生肖板块和体育运动板块与参照指标的数据比较。在这里需要特别引起关注的是，体育运动板块的 HBZ 值小于 1，没有跑赢货币贬值速度，它说明体育运动板块的整体投资价值似乎存在某些问题，应该认真研究原因。

3.2.3 贵金属纪念币年度板块投资价值分析

贵金属纪念币各年度板块的三项经济指标见附录中的附表 2，有关分析解读的示意图见图 3.9、图 3.10 和图 3.11。

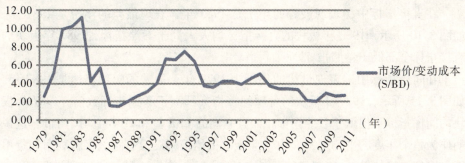

图 3.9　1979—2011 年贵金属纪念币（市场价/变动成本）年度分布图

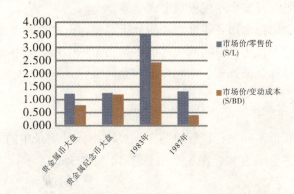

图 3.10　纪念币各年度板块主要经济指标分析示意图

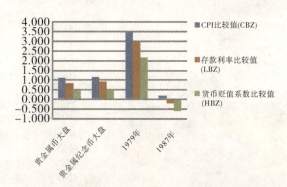

图 3.11　纪念币各年度板块主要经济指标分析示意图

如附表 2 所示，在各年度板块中市场价总值最大的板块是 2011 年，为 82.55 亿元人民币；市场价最小的板块是 1982 年，为 2.04 亿元人民币。

如图 3.9 所示，市场价与变动成本之比（S/BD）的分布在 1995 年之前呈现剧烈波动，1995 年以后基本随着时间的后移而逐步降低。

在直接指标中，表现最好的年份是1983年，表现最差的年份是1987年。如图3.10所示，1983年板块的直接指标均大大高于参照指标，1987年板块的直接指标全部低于参照指标。

在间接指标中，表现最优的年份为1979年，最差的年份仍然是1987年。如图3.11所示，1979年板块的各项间接指标都高于参照指标数倍，1987年板块的间接指标不但低于参照指标，而且它们的LBZ值和HBZ值均小于1。这说明作为整个年度的平均水平，1987年板块的增值幅度没有跑赢存款利率和货币贬值速度。具体分析1987年币种的实际情况，造成这种局面的主要原因是，其中有些币种发行量较大，权重也较大，虽然这些币种的市场价也有一定的上涨，但增幅有限，对整个年度板块形成拖累。

通过对贵金属纪念币各年度板块的分析说明，一个币种的绝对增值幅度并不能完全证明它的优劣，时间的久远也不是衡量一个币种好坏的唯一标准，只有用更严格的指标全面评价，才能得出准确判断。

3.2.4 贵金属纪念币发行量板块投资价值分析

贵金属纪念币不同发行量板块的三项经济指标见附录中的附表3，有关分析解读的示意图见图3.12、图3.13、图3.14和图3.15。

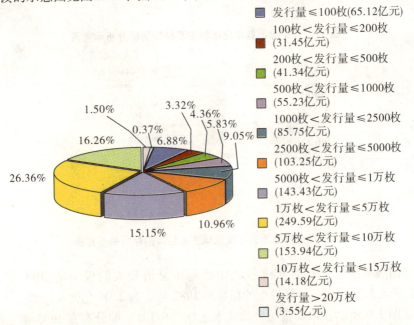

图3.12 贵金属纪念币不同发行量板块市场价分布图

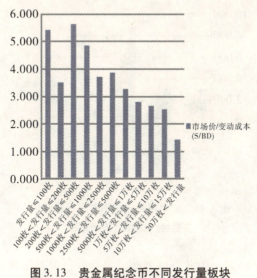

图 3.13　贵金属纪念币不同发行量板块
（市场价/变动成本）分布图

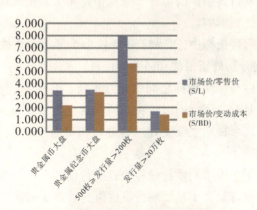

图 3.14　贵金属纪念币不同发行量板块
主要经济指标分析示意图

　　如图 3.12 所示，按照"信息分析系统"对币种发行量的分类，其中市值最大的是"大于 1 万枚小于等于 5 万枚"板块，为 249.59 亿元人民币；市值最小的是"大于 20 万枚"板块，为 3.55 亿元人民币。

　　从图 3.13 中可以看到这个分类系统中 S/BD 值的分布。在这个示意图中可以看到一个比较明显的趋势，即中间高、两头低，并且随着发行量的加大，S/BD 值迅速下降。其中"大于 200 枚小于等于 500 枚"板块处于顶端，"大于

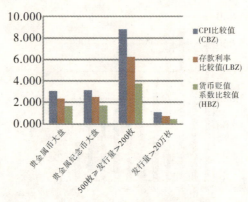

**图 3.15　贵金属纪念币不同发行量板块
主要经济指标分析示意图**

20 万枚"板块处于底部。由此可以看到，虽然发行量对币种的增值幅度有着最
重要的影响，但绝对增值幅度最高的币种主要分布在发行量区段的中前部。分
析其原因，可能是发行量很少的币种一般规格都很大，造成币种基础价格水平
提高，使增值幅度受到影响。

在直接指标和间接指标中，"大于 200 枚小于等于 500 枚"板块和"大于
20 万枚"板块，均分别处于最优和最差的位置。从图 3.14 和图 3.15 中可以看
到这两个板块的指标与参照指标之间的相互比较。其中在"大于 20 万枚"的
板块中，LBZ 值和 HBZ 指均小于 1，由此说明这个板块没有跑赢存款率和货币
贬值速度，实际上这个板块主要受到"香港回归祖国金银币（第 3 组）1 盎司
普制银币"的影响。

通过对贵金属纪念币不同发行量板块投资价值的分析，可以得出一个比较
明确的结论：币种发行量大小是影响投资价值的最重要因素。

3.2.5　贵金属纪念币贵金属含量板块投资价值分析

贵金属纪念币不同贵金属含量板块的三项经济指标见附录中的附表 4，有
关分析解读的示意图见图 3.16、图 3.17、图 3.18 和图 3.19。

如图 3.16 所示，按照"信息分析系统"对不同币种贵金属含量的分类，
其中市值最大的是"小于 5 盎司大于等于 1 盎司"板块，为 512.62 亿元人民
币；市值最小的是"小于 1 千克大于等于 20 盎司"板块，为 7.22 亿元人民
币。

从图 3.17 中可以看到在这一分类系统中 S/BD 值的分布。其中"小于 1 千

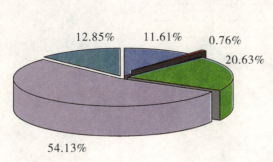

1千克≤贵金属含量
(109.946亿元)

20盎司≤贵金属含量
＜1千克
(7.2205亿元)

5盎司≤贵金属含量
＜20盎司
(195.389亿元)

1盎司≤贵金属含量
＜5盎司
(512.625亿元)

贵金属含量＜1盎司
(121.643亿元)

图 3.16　贵金属纪念币不同贵金属
含量板块市场价分布图

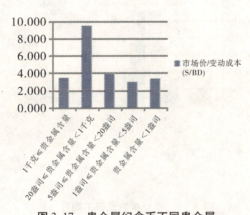

图 3.17　贵金属纪念币不同贵金属
含量板块（市场价/变动成本）分布图

克大于等于 20 盎司"板块的增值幅度最大，其他板块的 S/BD 值指标相类似。

在直接指标和间接指标中，"小于 1 千克大于等于 20 盎司"板块和"小于 5 盎司大于等于 1 盎司"板块分别处于最优和最差的位置，它们与参照指标的对比见图 3.18 和图 3.19。通过以上数据和对比可以看到，"小于 1 千克大于等于 20 盎司"板块的各项指标都高于参照指标的相应数值，"小于 5 盎司大于等于 1 盎司"板块的各项指标一般都表现不佳。也就是说，由于币种的贵金属含量不同带来的发行量变化对币种的投资价值也有着重要影响。

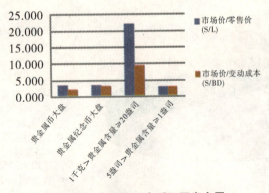

图 3.18　贵金属纪念币不同贵金属
含量板块主要经济指标分析示意图

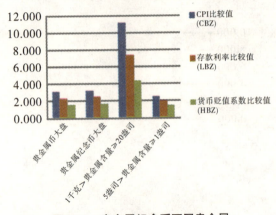

图 3.19　贵金属纪念币不同贵金属
含量板块主要经济指标分析示意图

3.2.6　贵金属纪念币普制币与精制币板块投资价值分析

按加工的技术条件分类，普制币与精制币是贵金属纪念币中两个最基本的板块。这两个板块的三项经济指标见附录中的附表5，有关分析解读的示意图见图3.20、图3.21、图3.22和图3.23。

如图3.20所示，在贵金属纪念币中精制币和普制币的市场价总值分别为810.09亿元人民币和136.73亿元人民币，它们与贵金属纪念币的总市值相比，分别占85.56%和14.44%，精制币是贵金属纪念币的主角。

如图3.21、图3.22和图3.23所示，在直接指标和间接指标中，精制币的

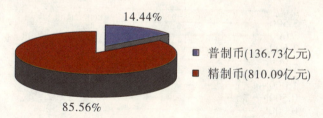

14.44%

■ 普制币(136.73亿元)
■ 精制币(810.09亿元)

85.56%

图 3.20 贵金属纪念币普制币、精制币
板块市场价分布图

各项数据都高于参照指标，普制币的主要数据低于相应的参照指标。由此可见，精制币的投资价值大于普制币，其中的原因也与发行数量有关。

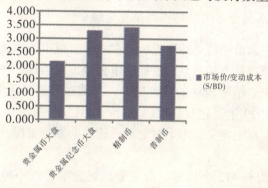

■市场价/变动成本
(S/BD)

图 3.21 贵金属纪念币普制币、精制币板块（市场价/变动成本）分布图

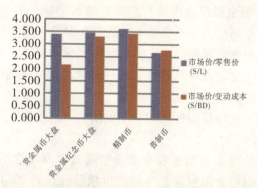

■市场价/零售价
(S/L)
■市场价/变动成本
(S/BD)

图 3.22 贵金属纪念币普制币、精制币板块主要经济指标分析示意图

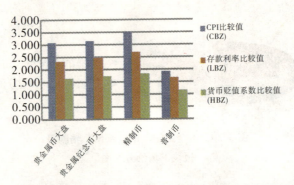

图 3.23　贵金属纪念币普制币、精制币板块主要经济指标分析示意图

3.2.7　贵金属纪念币老精稀板块投资价值分析

　　我国贵金属纪念币中的老精稀板块是在钱币二级市场的长期交易中，由投资者和钱币经营商对具有某些共同特征的币种给出的俗称，并且得到了钱币界的广泛认同。关于老精稀板块的准确定义，目前在业界尚无完全统一的认识，但一般主要是指 1999 年（包括）以前发行，而且发行数量在 3000 枚以内的贵金属纪念币。根据以上定义，本书对老精稀板块的发行情况及投资价值进行特别分析。

　　老精稀板块约有 412 个币种，占贵金属纪念币发行币种总数的 24.81%；发行数量 40.90 万枚，占贵金属纪念币发行总数量的 1.22%；发行总重量 127.15 万盎司，占贵金属纪念币发行总重量的 3.55%；贵金属不变成本 7.44 亿元人民币，占贵金属纪念币不变成本总值的 6.35%；零售价总值 18.29 亿元人民币，占贵金属纪念币零售价总值的 6.66%；变动成本总值 37.22 亿元人民币，占贵金属纪念币变动成本总值的 12.97%；市场价总市值 193.30 亿元人民币，占市场价总市值的 20.42%。

　　老精稀板块的三项经济指标见附录中的附表 6，有关分析解读的示意图见图 3.24 和图 3.25。

　　老精稀板块的原始发行数量和重量分别是贵金属纪念币板块的 1.22% 和 3.55%，但对贵金属纪念币板块总市值的贡献已经达到 20.41%。在这里需要特别指出的是，在老精稀板块中，由国家法定货币溢价因素带来的增值幅度达到 155.77 亿元人民币，占整个老精稀板块市场价总值的 80.69%，对整个贵金属币大盘和贵金属纪念币板块起到了很好的拉动作用。另外老精稀板块的各项直接指标和间接指标不但全部大大跑赢大盘，而且处在其他各种分析板块的前列，具有较好的增值表现和抗跌能力。

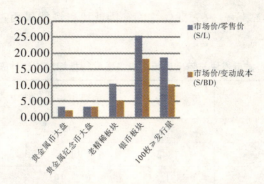

图 3.24　贵金属纪念币老精稀板块主要经济指标分析示意图

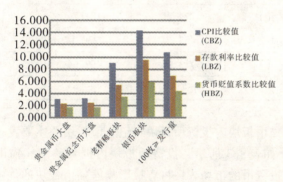

图 3.25　贵金属纪念币老精稀板块主要经济指标分析示意图

另外，从图 3.24 和图 3.25 中可以看到老精稀板块的一些内部结构：如果按发行量分类，发行量小于等于 100 枚的子板块处于优势位置；如果按贵金属材质分类，银币板块处于优势位置。

最近一段时间，对老精稀板块的讨论已经成为钱币界热议的话题之一。究其原因，一方面可能是对目前整个市场回调的一种应急反应，另一方面也反映出人们对这个板块寄予的期待与厚望。如何正确研究和探讨老精稀板块发展的内在规律，确实应该引起管理层、收藏家和投资者关注。

3.2.8　贵金属熊猫币板块投资价值分析

熊猫币板块是一个庞大家族，对我国贵金属币市场的发展起着举足轻重的作用。2012 年是熊猫贵金属币发行 30 周年纪念，对这个板块进行全面分析十分必要。

首先分析对比熊猫币板块与贵金属币大盘的主要发行指标和价格指标（见表 3.2）。如表 3.2 所示，除发行的项目和币种外，熊猫币板块与贵金属币大盘的指标对比均在 42.55% ~ 67.59% 之间,因此可以说熊猫币占据着我国贵金属币市场的一半天下。

表 3.2　　　　　熊猫币板块与贵金属币大盘主要发行指标对比统计表

对比项目	贵金属币大盘	熊猫币板块	熊猫币/贵金属币大盘(%)
发行项目(个)	352	77	21.87
发行币种(个)	1843	480	26.04
发行数量(万枚)	5831.65	3025.19	51.87
发行重量(万盎司)	5145.25	2189.61	42.55
不变成本总值(亿元)	274.71	181.79	66.17
零售价总值(亿元)	452.64	230.1	50.83
变动成本总值(亿元)	713.98	492.64	68.99
市场价总值(亿元)	1541.89	735.94	47.72

　　其次分析熊猫币板块内投资币板块与纪念币板块的主要发行指标和价格指标(见表 3.3)。如表 3.3 所示,投资币板块占据着整个熊猫币板块的霸主地位。由此可以说投资币的市场表现将直接影响熊猫币板块的优劣,从而拉动整个贵金属币大盘的表现。

表 3.3　　　　　熊猫币板块内投资币与纪念币主要发行指标对比分析表

对比项目	熊猫币板块			
	投资币	投资币/熊猫币板块(%)	纪念币	纪念币/熊猫币板块(%)
发行项目(个)	30	38.96	76	98.7
发行币种(个)	183	38.12	297	61.88
发行数量(万枚)	2496.84	82.53	528.35	17.47
发行重量(万盎司)	1573.15	71.84	616.45	28.15
不变成本总值(亿元)	157.56	86.67	24.23	13.33
零售价总值(亿元)	178.02	77.37	52.07	22.63
变动成本总值(亿元)	427.04	86.68	65.6	13.32
市场价总值(亿元)	595.06	80.86	140.87	19.14

前面已经对投资币的发行状况进行过详尽分析，现在仅就熊猫币板块内纪念币的发行状况进行分析。从币种上看，在熊猫纪念币板块内，有金币、银币、双金属币、铂币和钯币。从加工的技术条件看，有普制币和精制币，在普制币中大部分是加字币。从技术特征上看，除本色币外，还有彩色币、银镀金币、银镶嵌黄金币等。从重量上看，包括了从5千克到1克的几乎所有贵金属币的重量规格。由此可以说，熊猫纪念币就是整个贵金属币的一个精彩缩影。熊猫纪念币主要发行指标的统计见表3.4。

表3.4　　　　　　　　熊猫币板块内纪念币主要发行指标统计表

	币种数量（个）	发行数量（万枚）	发行重量（万盎司）
熊猫纪念币板块总数	297	528.35	616.45
按不同金属分类，其中：			
金币	132	141.38	49.22
银币	123	365.81	564.12
双金属	18	2.56	计入金、银
铂	21	16.85	2.16
钯	3	1.73	0.93
普制币	61	266.43	208.27
金币	24	125.38	70.22
银币	37	141.05	138.05
精制币	236	261.92	408.18
金币	108	71.65	33.34
银币	86	169.11	370.5
双金属	18	2.56	计入金、银
铂	21	16.85	2.16
钯	3	1.73	0.93

最后对熊猫币板块投资价值进行分析。

　　熊猫币板块的三项主要经济指标见附录中的附表 7，有关分析解读的示意图见图 3.26、图 3.27 和图 3.28。

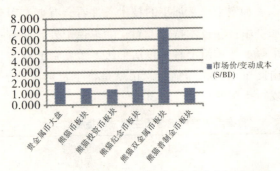

图 3.26　熊猫币板块（市场价/变动成本）分布图

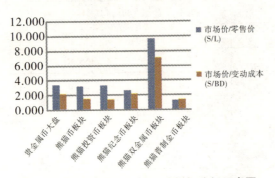

图 3.27　熊猫币板块主要经济指标分析示意图

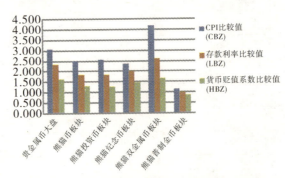

图 3.28　熊猫币板块主要经济指标分析示意图

　　图 3.26 是熊猫币板块内 S/BD 值的分布。如图 3.26 所示，投资币基数大，增值能力差，S/BD 值均低于贵金属大盘和熊猫币板块；而熊猫纪念币虽然基数相对较小，但增值能力明显优于投资币，而且 S/BD 值指标高于贵金属币大

盘和熊猫币板块。在熊猫纪念币板块内，增值能力最好的是双金属币板块，最差的是普制金币板块。

关于熊猫币板块的直接指标和间接指标，从图 3.27 和图 3.28 中可以看到与 S/BD 值相类似的情况，即投资币影响着熊猫币板块的整体表现。

从一般宣传上讲，我国的熊猫投资金币是与美国的鹰洋金币、加拿大的枫叶金币、澳大利亚的袋鼠金币和南非的福克林金币并驾齐驱的世界五大投资币之一。但从现实情况看，我国的投资金币始终没有成为真正意义上的投资币。按照国际上通行的做法，所谓投资型金币是不限量、低升水的，随着国际金价的涨跌，透过规范的金融机构以较低的手续费进行买卖的金币。金币和金条的主要差别在于，金币是以政府为背景发行的黄金产品，具有充分的质量和信誉保证，投资者主要应该利用贵金属价格的不断变化，从低买高卖的套利操作中获利。我国的熊猫投资金银币，长期以来一直主要通过钱币商经营，回购困难，差价大。虽然最近几年也开始试探着透过银行销售，但销售的价格较高而且不透明，也没有实现回购。实际上我国的投资币还只是某种意义上的纪念币，基本丧失了投资币功能。目前摆在管理层面前的选择应该是，加紧建立符合投资币功能的销售机制和销售体系，使它们成为具有竞争力的投资黄金产品的选择之一，根据市场需求不限量发行，大大提高投资币在我国黄金消费市场中的比重，使它们真正成为名副其实的投资币。前面和后面的分析数据都可说明，如果不改变目前的销售模式和体系，盲目扩大发行量，降低收藏价值，将会在贵金属价格涨跌的过程中，给投资者带来很大的投资风险，同时也会伤及整个贵金属币的整体形象和市场表现。

大熊猫是我们的国宝和国家的"名片"。从以上资料和数据中可以看出，在我国的贵金属币中，对熊猫主题的利用已经充分展示了中国人的智慧和想象力。对于一个已经走过 30 年路程的大币种来说，如何在今后的道路上继续发展下去，确实有很多值得总结的经验和教训。

3.2.9　贵金属币 2011 年板块投资价值分析

2011 年是我国贵金属币发展道路上很重要的一年。这一年与以前几年相比，虽然缺乏重大的纪念性事件，但贵金属币的发行规模却创造了历史记录，成为多项数据的冠军。与此同时，由于受自身原因和多种外部因素的共同影响，从 2011 年第三季度开始，贵金属币的二级市场开始出现较大幅度调整，使贵金属币大盘的总市值出现萎缩，投资者信心受挫，因此有必要对贵金属币 2011 年板块进行特别分析，详见表 3.5。

表3.5 　　　　　　贵金属币2011年板块各项指标汇总表

	年度大盘	纪念币	投资币
项目数（个）	19	19	1
币种数（个）	79	73	6
发行量约（万枚）	778.3	274.8	503.5
总重量约（万盎司）	778.7	355.8	422.9
零售价总值约（亿元）	116.9	56.05	60.89
变动成本总值约（亿元）	85.6	31.1	54.5
市场总市值约（亿元）	138.5	82.5	55.9
市场价/零售价（S/L）	1.184	1.472	0.919
市场价/变动成本（S/BD）	1.618	2.654	1.027
CPI比较值（CBZ）	1.218	1.267	0.834
存款利率比较值（LBZ）	1.240	1.279	0.849
货币贬值系数比较值（HBZ）	1.230	1.279	0.842
贵金属基价比值（GBZ-1）	2.636	2.843	1.037
贵金属基价比值（GBZ-2）	2.592	2.650	1.015

通过表3.5中的数据可以看到，2011年共计发行项目19个，超过近12年以来年平均数的5个，是近12年来的最高。在这19个项目中共有79个币种，超过近12年平均数的25个，是2007年以来的新高。与此同时，发行数量、发行重量、零售价总值、市场价总值均创了中国贵金属币的历史最高水平，成为了当之无愧的年度冠军。2011年贵金属币各项数据大幅增长的直接原因主要是由于投资币的大幅度扩容和纪念币发行规模的扩大。

对贵金属币2011年板块三项经济指标进行分析解读的示意图见图3.29、图3.30、图3.31和图3.32。

图3.29　贵金属2011年板块市场价分布图

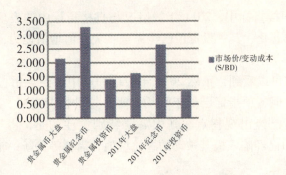

图 3.30 贵金属 2011 年板块（市场价/变动成本）分布图

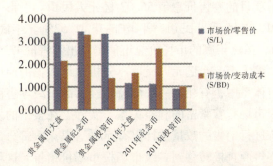

图 3.31 贵金属 2011 年板块主要经济指标分析示意图

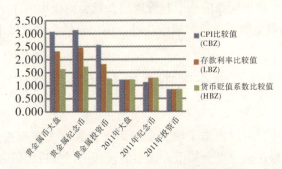

图 3.32 贵金属 2011 年板块主要经济指标分析示意图

如图 3.29 所示，在贵金属币 2011 年板块中，纪念币和投资币的总市值分别占 59.61% 和 40.39%。在图 3.30 中展示的 S/BD 值分布中可以看到，虽然 2011 年纪念币板块的 S/BD 值高于贵金属币大盘，但已经低于整个贵金属纪念币板块，而 2011 年板块投资币的溢价率仅为贵金属成本的 3.07%。在图 3.31 所显示的直接指标分布中，2011 年板块的各项主要指标与参照指标相比已经开始恶化，其中投资币的市场价已经低于零售价 8.1%，出现全局性亏损。在图

3.32 所显示的间接指标中，2011 年的情况与直接指标中的表现完全一样，各项指标也已全部恶化，其中投资币已经完全丧失保值增值能力，处于投资收益的负回报状况。

从以上数据可以看到，虽然 2011 年板块和其中的纪念币板块还没有丧失投资增值功能，但各项指标已低于平均水平。这种情况说明，从 2011 年底开始贵金属币大盘已经出现拐点。其中需要特别关注的是，由于金价的下跌，2011 年的投资币已经陷入极其被动的尴尬境地，需要等待新一轮黄金牛市启动后才有可能解套。

关于 2011 年贵金属纪念币的总体市场表现情况，根据"信息分析系统"统计，全部纪念币项目的零售价总值 56.07 亿元人民币。上市一周内二级市场的开盘价合计 101.78 亿元人民币，平均高开 81.52%。年底市场价总市值 82.53 亿元人民币，虽然年底的市场价总市值仍高出零售价 47.19%，但与二级市场开盘价相比，缩水 19.25 亿元人民币。分析这组数据的原因是：在我国现行的贵金属币零售体系中，有相当一部分特许经营的一级零售商为了博取最高利润，与钱币二级市场有着紧密的利益关系。实际上在整个的发行数量中，能够按照零售指导价进行销售的数量估计仅有 50%，其余大部分纪念币一般都由一级市场的特许零售商直接转移到二级市场按市场价销售。这种现状一方面违背了贵金属币的阳光销售原则，同时也给收藏和投资的普通公众带来了很大的收藏与投资风险。这个问题应该引起管理层和社会的极大关注。

2011 年中国贵金属币发行的成败功过，历史自然会对其做出正确评判。

3.3　贵金属币各币种的排序分析

通过以上分析，可以初步了解贵金属币大盘和有关重要板块的投资价值。下面将对单个币种在整个贵金属币大盘中的表现进行分析和研究。

3.3.1　绝对增值幅度最高的币种

绝对增值幅度最高的币种——前 20 名（见表 3.6）。

表 3.6　　　　　市场价/零售价（S/L）比值最高的币种统计表

序号	发行年度	项目名称	项目概况	公告发行量（枚或套）
1	1979	国际儿童年金银纪念币	1 盎司金币（加厚）	500
2	1979	国际儿童年金银纪念币	1 盎司银币（加厚）	2000
3	1979	国际儿童年金银纪念币	1/2 盎司银币（喷砂版）	1000
4	1984	第 23 届奥运会纪念银币	1/2 盎司银币（喷砂版）	1000
5	1986	第 13 届世界杯足球赛纪念银币	1/2 盎司银币（喷砂版）	1000
6	1992	生肖纪念币发行 12 周年金银纪念币	1 千克银币	300
7	1993	宋庆龄诞辰 100 周年金银纪念币	30 克银币（坐像）	2000
8	1983	1983 中国癸亥（猪）年金银纪念币	15 克银币	10 000
9	1995	台湾光复回归祖国 50 周年金银纪念币	1 千克银币	100
10	1985	新疆维吾尔自治区成立 30 周年纪念银币	1 盎司银币	3000
11	1982	1982 中国壬戌（狗）年金银纪念币	15 克银币	15 000
12	1995	郑成功金银纪念币	5 盎司银币	250
13	1983	马可·波罗金银纪念币	2 克银币	7000
14	1995	徐悲鸿诞辰 100 周年金银纪念币	5 盎司银币	300
15	1997	中国近代国画大师齐白石金银纪念币	1 千克银币	188
16	1997	1997 版熊猫金银铂及双金属纪念币	1/10 盎司铂币	2500
17	1986	国际和平年金银纪念币	27 克银币	1500
18	1993	孙中山先生"天下为公"纪念金币	5 盎司金币	99
19	1980	中国奥林匹克委员会金银纪念币	20 克银币×2	500（套）
20	1992	中国古代科技发明发现金银铂纪念币（第 1 组）	5 盎司银币	3000

所谓绝对增值幅度就是市场价与零售价的比值，即 S/L 值。

如表 3.6 所示，S/L 值排在前 20 位的币种均是 1997 年以前发行的纪念币精制币。其中虽然 1979 年发行的国际儿童年 1 盎司加厚金币排在首位，但银币的数量占到整个数量的 85%。另外在表 3.6 中还可以看到，中等规格的币种共有 6 种（1 千克银币 3 种、5 盎司银币 3 种），占到总数的 30%，其余均为小规格币种。关于它们的发行数量，有 3 个币种的公告发行量分别是 1.5 万枚、1 万枚和 0.7 万枚，其余的发行数量均小于 3000 枚。由此可见，早期发行的银币由于当时的价位较低、发行量较少，随着时间的沉淀和银价的大幅度上涨，到目前已有惊人的涨幅；另外，由于小规格币种的基础价格水平相对较低，在市场价格的上涨中更能体现保值增值性能。实际上，在 S/L 值排序前 20 位的币种，市场价与零售价相比，增值幅度均在 100 倍至数百倍之间，在数量众多的币种中确实表现出了非常优异的成绩。

3.3.2 绝对增值幅度最高的金币、铂币

绝对增值幅度最高的金币、铂币——前 20 名（见表 3.7）。

表 3.7　市场价/零售价（S/L）比值最高的金币、铂币统计表

序号	发行年度	项目名称	规　格	公告发行量（枚或套）
1	1979	国际儿童年金银纪念币	1 盎司金币（加厚）	500
2	1997	1997 版熊猫金银铂及双金属纪念币	1/10 盎司铂币	2500
3	1993	孙中山先生"天下为公"纪念金币	5 盎司金币	99
4	1993	中国古代科技发明发现金银铂纪念币（第 2 组）	1/4 盎司铂币×5	100（套）
5	1984	1984 中国甲子（鼠）年金银纪念币	8 克金币	5000
6	1997	1997 版熊猫金银铂及双金属纪念币	1/20 盎司铂币	5000
7	1998	1998 年迎春金银纪念币	5 盎司金币	128
8	1980	中国奥林匹克委员会金银纪念币	20 克金币	500
9	1980	第 13 届冬奥会金银纪念币	16 克金币	500

表3.7(续)

序号	发行年度	项目名称	规　格	公告发行量（枚或套）
10	1982	第12届世界杯足球赛金银纪念币	1/4盎司金币	1500
11	1997	1997版熊猫金银铂及双金属纪念币	5盎司金＋2盎司银币（双金属）	199
12	1981	中国出土文物（青铜器）金银纪念币（第1组）	1/2盎司金币	1000
13	1981	中国出土文物（青铜器）金银纪念币（第1组）	1盎司金币	1000
14	1992	中国古代科技发明发现金银铂纪念币（第1组）	1千克金币（指南针）	10
15	1992	中国古代科技发明发现金银铂纪念币（第1组）	1盎司铂币×5	100（套）
16	1994	中国古代科技发明发现金银铂纪念币（第3组）	1/4盎司铂币×5	100（套）
17	1982	1982中国壬戌（狗）年金银纪念币	8克金币	5000
18	1983	1983中国癸亥（猪）年金银纪念币	8克金币	5000
19	1995	徐悲鸿诞辰100周年金银纪念币	5盎司金币	100
20	1993	毛泽东诞辰100周年金银纪念币	5盎司金币	100

如表3.7所示，S/L值排在前20位的金币和铂币也全部是1997年以前发行的纪念币精制币，它们的公告发行量均在5000枚以内。其中1千克金币1种、5盎司金币5种，其余70%都是小规格币种。实际上S/L值排序在前20位的币种，它们的市场价与零售价相比，增值幅度也都在数十倍至数百倍之间，同样表现出了惊人的投资价值。通过表3.7还可以看到，由于金币和铂币的基础价格水平相对较高，绝对增值幅度低于银币。

3.3.3 绝对增值幅度最低的币种

绝对增值幅度最低的币种——后20名（见表3.8）。

表3.8　　　　　市场价/零售价（S/L）比值最低的币种统计表

序号	发行年度	项目名称	项目概况	公告发行量（枚或套）
1	2007	第29届奥林匹克运动会贵金属纪念币	1盎司银币×4（彩色）	160 000（套）
2	2008	北京2008残奥会金银纪念币	1盎司银币（彩色）	30 000
3	2011	2011版熊猫金银纪念币	1/20盎司金币（普制）	600 000
4	2011	中国古典文学名著《水浒传》彩色金银币（第3组）	1/3盎司金币，1盎司银币×2（彩色）	35 000（套）
5	2011	2011版熊猫金银纪念币	1/10盎司金币（普制）	600 000
6	2011	中国金融工会全国委员会成立60周年熊猫加字纪念币	1盎司银币（普制）	30 000
7	2011	2011年北京国际钱币博览会银质纪念币	1盎司银币	30 000
8	2010	2010版熊猫金银纪念币	1/20盎司金币（普制）	120 000
9	2008	第29届奥林匹克运动会贵金属纪念币	1盎司银币×4（彩色）	160 000（套）
10	2011	2011版熊猫金银纪念币	1盎司银币（普制）	6 000 000
11	2010	中国2010上海世界博览会金银纪念币（第2组）	1/3盎司金币，1盎司银币×2（彩色）	60 000（套）
12	2011	2011版熊猫金银纪念币	1/4盎司金币（普制）	600 000
13	2010	2010版熊猫金银纪念币	1/10盎司金币（普制）	120 000
14	2011	深圳第26届世界大学生夏季运动会金银纪念币	1/4盎司金币，1盎司银币（彩色）	20 000（套）
15	2011	中国古典文学名著《水浒传》彩色金银币（第3组）	1盎司银币×2（彩色）	70 000（套）
16	2010	深圳经济特区建设30周年金银纪念币	1/4盎司金币，1盎司银币	20 000（套）
17	2011	厦门经济特区建设30周年熊猫加字金银纪念币	1/4盎司金币，1盎司银币（普制）	5 000（套）
18	1997	香港回归祖国金银纪念币（第3组）	1盎司银币	88 000
19	1997	澳门回归祖国金银纪念币（第1组）	1盎司银币	88 000
20	2007	第29届奥林匹克运动会贵金属纪念币	1/3盎司金币×2，1盎司银币×4	60 000（套）

如表3.8所示，除1997年发行的香港回归和澳门回归1盎司银币之外，其余币种都是2007年以后发行的投资币或纪念币。其中金币（或金银套币）占55%、银币占45%，2011年发行的币种占50%。这些币种的公告发行量，除2011年发行的"深圳经济特区建立30周年金银纪念币"之外，其余币种均在600万枚至2万枚（套）之间，而且全部是小规格币种。为什么在S/L值最低的名单中，2011年发行的币种占到了50%？究其原因，可能与2011年的市场大势有关，同时说明贵金属币的增值性能和投资价值需要较长时间的沉淀和检验，一时的优劣不能作为最终的判断标准。关于1997年发行的香港回归和澳门回归1盎司银币的情况，记得在这些币种刚发行时，都有过一波较好的市场表现，甚至出现过疯狂的炒作。随着时间的流逝和失去资金的关注，它们真正的投资价值才得以显现。由此说明，疯狂的爆炒不能决定某一币种的真正价值，广大收藏和投资群体对此应该有清醒的认识。

3.3.4 相对增值幅度最高的币种

相对增值幅度最高的币种——前20名（见表3.9）。

表3.9　　市场价/变动成本（S/BD）比值最高的币种统计表

序号	年度	项目名称	项目概况	公告发行量（枚或套）
1	1979	国际儿童年金银纪念币	1盎司银币（加厚）	2000
2	1979	国际儿童年金银纪念币	1/2盎司银币（喷砂版）	1000
3	1984	第23届奥运会纪念银币	1/2盎司银币（喷砂版）	1000
4	1995	郑成功金银纪念币	5盎司银币	250
5	1995	徐悲鸿诞辰100周年金银纪念币	5盎司银币	300
6	1986	第13届世界杯足球赛纪念银币	1/2盎司银币（喷砂版）	1000
7	1993	宋庆龄诞辰100周年金银纪念币	30克银币（坐像）	2000
8	1983	马可·波罗金银纪念币	2克银币	7000
9	1983	1983中国癸亥（猪）年金银纪念币	15克银币	10 000
10	1980	中国奥林匹克委员会金银纪念币	20克银币×2	500（套）

表3.9（续）

序号	年度	项目名称	项目概况	公告发行量（枚或套）
11	1994	中国古代名画系列《婴戏图》金银纪念币	5盎司银币	500
12	1994	中国—新加坡友好金银纪念币	5盎司银币	300
13	1995	台湾光复回归祖国50周年金银纪念币	1千克银币	100
14	1980	中国奥林匹克委员会金银纪念币	30克银币×2	500（套）
15	1997	1997版熊猫金银铂及双金属纪念币	1/10盎司铂币	2500
16	1997	中国近代国画大师齐白石金银纪念币	1千克银币	188
17	1980	第13届冬奥会金银纪念币	30克银币×4	500（套）
18	1995	中国古典文学名著《三国演义》金银纪念币（第1组）	5盎司银币	500
19	1995	黄河文化金银纪念币（第1组）	5盎司银币	500
20	1979	国际儿童年金银纪念币	1盎司金币（加厚）	500

所谓相对增值幅度就是市场价与变动成本之间的比值，即S/BD值。
它是在扣除贵金属价格变动因素后衡量贵金属币溢价能力的重要指标。

如表3.9所示，在S/BD值最高的前20个币种中，仍然都是1997年以前发行的纪念币精制币。但与S/L值的排序名单相比，已有较大变化，其中有7个币种在S/L值排序的名单中没有出现过。另外从表3.9中还可以看到，最大规格的是2种1千克银币和6种5盎司银币，其余都是小规格品种，占全部20个币种的60%。在这个S/BD值排序名单中，金币1种、铂币1种，银币占到90%。由此说明，在早期发行的品种中，银币和小规格币种的增值性能不可小视。同时也说明绝对增值幅度不是唯一指标，只有在综合考虑贵金属上涨因素后，才有可能更全面地判断某一币种的增值性能。

3.3.5 相对增值幅度最低的币种

相对增值幅度最低的币种——后 20 名（见表 3.10）。

表 3.10　　　市场价/变动成本（S/BD）比值最低的币种统计表

序号	年度	项目名称	项目概况	公告发行量（枚或套）
1	2007	2007 年世界夏季特殊奥林匹克运动会金银纪念币	1/4 盎司金币，1/2 盎司银币（彩色）	20 000（套）
2	2011	2011 版熊猫金银纪念币	1 盎司银币（普制）	6 000 000
3	2010	2010 版熊猫金银纪念币	1/4 盎司金币（普制）	120 000
4	2010	2010 版熊猫金银纪念币	1/2 盎司金币（普制）	120 000
5	2010	2010 版熊猫金银纪念币	1 盎司金币（普制）	300 000
6	2010	2010 版熊猫金银纪念币	1/10 盎司金币（普制）	120 000
7	2010	2010 版熊猫金银纪念币	1/20 盎司金币（普制）	120 000
8	2010	2010 版熊猫金银纪念币	1 盎司银币（普制）	1 500 000
9	2007	第 29 届奥林匹克运动会贵金属纪念币	1/3 盎司金币 ×2，1 盎司银币 ×4	60 000（套）
10	2006	中国沈阳世界园艺博览会熊猫加字金银纪念币	1/4 盎司金币，1 盎司银币（普制）	10 000（套）
11	1993	中国古代名画系列《孔雀开屏》金银纪念币	1/10 盎司金币（普制）	不限量
12	2011	2011 版熊猫金银纪念币	1/20 盎司金币（普制）	600 000
13	2011	2011 版熊猫金银纪念币	1 盎司金币（普制）	500 000
14	2011	2011 版熊猫金银纪念币	1/2 盎司金币（普制）	600 000
15	2011	2011 版熊猫金银纪念币	1/4 盎司金币（普制）	600 000
16	2011	2011 版熊猫金银纪念币	1/10 盎司金币（普制）	600 000
17	1997	1997 版熊猫金银铂及双金属纪念币	1 盎司银币（普制）	不限量
18	1996	1996 版麒麟金银铂纪念币	1/20 盎司金币（普制）	不限量
19	1990	第 11 届亚运会金银纪念币	27 克银币 ×4	20 000（套）
20	2009	2009 版熊猫金银纪念币	1/10 盎司金币（普制）	100 000

如表 3.10 所示，这个排序名单与表 3.8 相比，发生了很大变化。其中在 1997 年、2009 年、2010 年和 2011 年的投资币中，有 14 个币种进入最低值序列，体育运动题材有 3 个币种入选，同时不限量发行的 2 个文化题材的普制金币也榜上有名。在这些币种中，除了不限量发行的 3 个币种外，其余币种的发行量均在 2 万枚至 600 万枚之间。另外在这些币种中，有银币 4 种、金币 16 种，分别占 20% 和 80%。从上述统计中我们可以看到，发行量对贵金属币的增值性能有着决定性的影响。另外有些体育运动题材的纪念币似乎也表现不佳。在这里特别值得关注的是投资币问题。有这么多的投资币进入 S/BD 值最低的行列，是令人始料不及的。它起码说明投资币的溢价能力很低，它们的市场价格与贵金属价格的变化密切相关，当贵金属价格下跌时，它们的市场价格就会紧随其后出现下跌。

3.3.6　比较值综合评分最高的币种

比较值综合评分最高的币种——前 20 名（见表 3.11）。

表 3.11　　　　　比较值综合评分（BH）最高的币种统计表

序号	发行年度	项目名称	项目概况	公告发行量（枚或套）	比较值综合评分（BH）
1	1979	国际儿童年金银纪念币	1 盎司银币（加厚）	2000	983
2	1979	国际儿童年金银纪念币	1/2 盎司银币（喷砂版）	1000	604
3	1995	郑成功金银纪念币	5 盎司银币	250	341
4	1995	徐悲鸿诞辰 100 周年金银纪念币	5 盎司银币	300	330
5	1997	1997 版熊猫金银铂及双金属纪念币	1/10 盎司铂币	2500	324
6	1984	第 23 届奥运会纪念银币	1/2 盎司银币（喷砂版）	1000	323
7	1997	中国近代国画大师齐白石金银纪念币	1 千克银币	188	315
8	1995	台湾光复回归祖国 50 周年金银纪念币	1 千克银币	100	309
9	1993	宋庆龄诞辰 100 周年金银纪念币	30 克银币（坐像）	2000	306

表3.11(续)

序号	发行年度	项目名称	项目概况	公告发行量（枚或套）	比较值综合评分（BH）
10	1986	第13届世界杯足球赛纪念银币	1/2盎司银币（喷砂版）	1000	295
11	1979	国际儿童年金银纪念币	1盎司金币（加厚）	500	286
12	1992	生肖纪念币发行12周年金银纪念币	1千克银币	300	244
13	1994	中国古代名画系列《婴戏图》金银纪念币	5盎司银币	500	218
14	1994	中国—新加坡友好金银纪念币	5盎司银币	300	218
15	1997	1997版熊猫金银铂及双金属纪念币	1/20盎司铂币	5000	209
16	1983	1983中国癸亥（猪）年金银纪念币	15克银币	10 000	199
17	1983	马可·波罗金银纪念币	2克银币	7000	195
18	1997	中国古典文学名著《三国演义》金银纪念币（第1组）	5盎司银币	1500	179
19	1993	孙中山先生"天下为公"纪念金币	5盎司金币	99	172
20	1980	中国奥林匹克委员会金银纪念币	20克银币×2	500（套）	168

比较值综合评分（BH）是反映某一币种增值表现和抗跌能力的综合指标。

如表3.11所示，在BH值排序的前20个币种中，同样还是1997年以前发行的纪念币精制币。其中金币2种、铂币2种，占20%；1千克银币3种、5盎司金币1种、5盎司银币5种，其余均为小规格币种，占55%。另外在S/L值排序第1位的国际儿童年1盎司加厚金币，位置降到第11位，有4种在S/L值排序名单中没有出现的币种进入这个名单。在这里需要特别重复说明的是，贵金属币大盘BH值的平均数（中位数）为11.917，这20个币种的BH值与大盘相比，高出13～82倍。由此说明，经过三项经济指标的严格考核后，才能最终评价一个币种的综合投资价值。同时也进一步说明，在不同币种之间，投资保值性能存在极大差异。

3.3.7　比较值综合评分最低的币种

比较值综合评分最低的币种——后 20 位（见表 3.12）。

表 3.12　　　　比较值综合评分（BH）最低的币种统计表

序号	年度	项目名称	项目概况	公告发行量（枚或套）	比较值综合评分（BH）
1	1990	第 11 届亚运会金银纪念币（第 2 组）	27 克银币×4	20 000（套）	2.310
2	1989	第 11 届亚运会金银纪念币（第 1 组）	27 克银币×4	20 000（套）	2.437
3	1997	香港回归祖国金银纪念币（第 3 组）	1 盎司银币	88 000	3.006
4	1997	澳门回归祖国金银纪念币（第 1 组）	1 盎司银币	88 000	3.006
5	1995	联合国成立 50 周年金银纪念币	1/2 盎司金币	17 500	3.019
6	1989	第 14 届世界杯足球赛纪念银币	27 克银币	30 000	3.033
7	1993	中国古代名画系列《孔雀开屏》金银纪念币	1/10 盎司金币（普制）	不限量	3.092
8	1988	珍稀动物金银纪念币（第 1 组）	27 克银币×2	50 000（套）	3.110
9	1996	1996 版麒麟金银铂纪念币	20 克银币(普制)	不限量	3.264
10	1987	1987 版熊猫金银铂纪念币	1 盎司、1/2 盎司、1/4 盎司、1/10 盎司、1/20盎司金币	10 000（套）	3.272
11	1997	1997 版麒麟金银铂纪念币	20 克银币(普制)	不限量	3.326
12	1999	澳门回归祖国金银纪念币（第 3 组）	1 盎司银币	88 000	3.340
13	2008	北京 2008 残奥会金银纪念币	1 盎司银币（彩色）	30 000	3.392
14	1989	珍稀动物金银纪念币（第 2 组）	27 克银币×2	30 000（套）	3.425
15	2007	第 29 届奥林匹克运动会贵金属纪念币	1 盎司银币×4（彩色）	160 000（套）	3.503
16	1997	中国少数民族文化纪念银币	1 盎司银币×4	28 000（套）	3.535

表3.12(续)

序号	年度	项目名称	项目概况	公告发行量（枚或套）	比较值综合评分（BH）
17	1986	1986版熊猫纪念金币	1盎司、1/2盎司、1/4盎司、1/10盎司、1/20盎司金币	10 000（套）	3.537
18	1996	1996版麒麟金银铂纪念币	1/20盎司金币（普制）	不限量	3.564
19	1996	香港回归祖国金银纪念币（第2组）	1/2盎司金币	11 800	3.578
20	1990	第25届奥运会金银纪念币	1/3盎司金币	10 000	3.603

　　如表3.12所示，这个名单与表3.8和表3.10相比，发生了很大变化。表3.8和表3.10中，只有4个币种继续留在表3.12中，其余都是新面孔。在比较值综合评分最低币种的名单中，全部是小规格币种。时间分布为1986—2008年，跨越23个年度。除了4个币种为不限量发行之外，其余币种的发行量在1万~16万枚之间，其中金币7种、银币13种。在这20个币种中，BH值在2.310~3.603之间，贵金属币大盘BH值分别是它们的5.15倍和3.30倍。通过上边的数据可以说明，在进行了经济数据的全面对比之后，绝对增值幅度和相对增值幅度较低的币种，不一定仍然处在末端位置。其中有些币种虽然增值幅度不大，但发行的时间较晚，在与各种间接指标的对比中，并不处于劣势。有些币种虽然增值幅度不小，但由于发行时间较早，增值幅度却没有跑赢通货膨胀和货币贬值的速度。由此证明，考察一个币种的增值性能，不能只简单地计算它的绝对增值幅度，还要用一系列间接指标进行衡量，只有这样才能准确把握它的投资价值。

3.3.8　市场价格最高的币种

　　市场价格最高的币种——前20名（见表3.13）。

表3.13　　　　　　　**市场零售价最高的币种统计表**

序号	发行年度	项目名称	项目概况	公告发行量（枚）
1	1991	中国熊猫金币发行10周年金银纪念币	5千克金币	10

表3.13(续)

序号	发行年度	项目名称	项目概况	公告发行量（枚）
2	2008	2008 中国戊子（鼠）年金银纪念币	10 千克金币	18
3	1992	中国古代科技发明发现金银铂纪念币（第1组）	1 千克金币（指南针）	10
4	1992	中国古代科技发明发现金银铂纪念币（第1组）	1 千克金币（地动仪）	10
5	2000	千禧年纪念金银币及双金属纪念币	10 千克金币	20
6	1994	中国—新加坡友好金银纪念币	1 千克金币	15
7	2012	2012 中国壬辰（龙）年金银纪念币	10 千克金币	18
8	2007	2007 中国丁亥（猪）年金银纪念币	10 千克金币	18
9	2011	中国辛卯（兔）年金银纪念币	10 千克金币	18
10	1997	中国近代国画大师齐白石金银纪念币	1 千克金币	25
11	2009	2009 中国己丑（牛）年金银纪念币	10 千克金币	18
12	2010	中国庚寅（虎）年金银纪念币	10 千克金币	18
13	1992	生肖纪念币发行 12 周年金银纪念币	1 千克金币	20
14	2008	第 29 届奥林匹克运动会贵金属纪念币	10 千克金币（彩色）	29
15	1994	1994 版麒麟金银及双金属纪念币	1 千克金币	18
16	1996	1996 版麒麟金银铂纪念币	1 千克金币	18
17	1993	1993 年观音纪念金币	18 两金币	88
18	1997	1997 中国丁丑（牛）年金银铂纪念币	1 千克金币（梅花形）	15
19	1995	台湾光复回归祖国 50 周年金银纪念币	1 千克金币	25
20	1993	孙中山先生"天下为公"纪念金币	5 盎司金币	99

如表 3.13 所示，在市场价格最高的前 20 个币种中，除 1993 年发行的孙中山先生"天下为公"5 盎司金币之外，全部是 1 千克~10 千克的大规格金币。它们的发行时间为 1992—2011 年，没有明显的时间选择性。除孙中山先生"天下为公"5 盎司金币和观音 18 两金币外，公告发行量均在 30 枚之内。虽然这些金币的市场价格很高，但在 S/L 值、S/BD 值和 BH 值的优劣排序中很少看

到它们的身影。由此说明，这部分金币从增值的绝对金额看可能比较惊人，但由于自身的基础价格水平较高，如果用直接指标和间接指标衡量，无法与中小规格的币种相提并论。

在这里需要说明的是：通过各项经济指标计算分析的结果只说明这些币种的过去，不能完全预见它们的未来。特别是那些增值幅度已经处在高位的币种，能否继续保持高速增长，值得观察。

3.4　贵金属币市场交易活跃度分析

与其他商品一样，我国现代贵金属币的投资价值是通过市场交换实现的。在市场交易中，除价格因素以外，交易的难易程度也是衡量投资价值的重要指标。

一般来说，市场交易是需要付出时间和成本的。贵金属币的市场交易活跃度即流动性或变现能力，主要是指将一个币种转变成现金所需要的时间和成本。市场交易活跃度高的币种，可以将它用接近市场价格的水平卖出，花费的时间和精力也较少。市场交易活跃度较低的币种，当需要将它变现时一般很难出手，或者即便卖出，往往也需要做出较大的价格折让。

目前我国贵金属币的二级市场还不够完善，市场交易的效率和透明度还存在不少问题。经过调研论证和"信息分析系统"的运算，我国贵金属币"市场交易活跃度"指标的统计结果如下：

（1）成交顺畅币种共 221 种，占 15.64%；

（2）成交不畅的币种共计 779 种，占 55.13%；

（3）成交困难的币种共计 413 种，占 29.23%。

通过这组数据可以发现，我国贵金属币的市场交易效率还很不理想。评估市场交易活跃度可以有很多方法，本研究的信息分析系统的统计结果可能存在某些误差，但它从某一侧面真实反映了我国贵金属币二级市场的"短板"和缺陷。

认真分析上边这组数据的构成，我们可以发现：

（1）市场交易活跃度较高的币种，主要都是新品或次新品，社会和资金对它们的关注度较高，不管价格如何波动，成交都还比较顺畅。在这一类币种中，也有相当一部分发行时间较久的热门币种，它们一般都会频繁出现在拍卖会现场，成为收藏者、投资者争夺的目标。

（2）随着时间的流逝、热度的消退和失去资金的关注，在我国 1800 多种贵金属币（其中 1600 多种贵金属纪念币）中，有相当一部分币种处于成交不畅的状态。这部分币种的交易特征是，买卖双方都知道这些币种在市场中的价格定位，但由于承接和扩散能力有限，较难顺畅成交，市场价格处于一种胶着状态。

（3）成交困难的币种，一般都是发行时间较久、发行量较大、题材不受关注的币种，其中有的币种甚至已被人们遗忘。这部分币种的交易特征是：它们很少出现在市场交易的名单中，没有资金关注，没有明确的市场报价，没有人承接。其中有的币种甚至出现了在急于变现时只能用贵金属成本计价的情况。这部分币种在我国贵金属币的大家族中，也占有一定的比例。

通过以上数据和分析可以看到，我国目前的贵金属币二级市场还存在很多问题，交易制度和手段尚不健全，很多币种还无法连续顺畅地完成交易，对实现贵金属币的价值转化形成了障碍，也给热爱收藏和投资的人们心中带来不少疑惑。如何发展和健全二级市场可供顺畅交易的平台，已经成为当下迫切需要解决的问题。

3.5　本章小结

通过全面分析我国现代贵金属币的投资价值，有以下特点：

（1）大量实证数据说明，我国的现代贵金属币不但整体上表现不错，而且大盘内部的纪念币板块、投资币板块以及很多二级、三级子板块也表现不错，具备了抵御通货膨胀和货币贬值的能力，具有较好的保值增值性能，完全是一种可以积极参与的收藏品门类。

国家经济体量的猛增和收藏群体的扩大，提升了我国贵金属币的投资价值。作为贵金属币核心价值的一部分，贵金属价格的变化也在其中发挥了重要作用。贵金属作为一种能够有效对抗通货膨胀的工具，近年来的价格一直在不断攀升。随着贵金属价格的攀升，也带动了我国贵金属币价格的上涨，增加了贵金属币对抗通货膨胀的筹码。贵金属币特别是贵金属纪念币，不但具有抵御通货膨胀的能力，还具有国家货币固有的溢价因素。因此可以说，一方面可以把贵金属纪念币作为一种收藏品，同时也可以把它们当成一种对冲通货膨胀和货币贬值风险的金融资产。

当然在这里也应该看到，整体表现不错的贵金属币大盘，并不能说明它的每个细胞组织都是健康的。实际上在它的内部也有一部分不尽如人意的板块和币种，值得收藏者特别注意。另外，贵金属价格对贵金属币的作用也是双向的，当贵金属价格进入下行通道时，也必然会引起贵金属币价值的下跌，收藏者对此也要提高警惕。

（2）通过大量的实证数据，让我们看到了如何全面评价一个币种的投资价值。从全面考虑收藏成本和资金效率的角度出发，不能只简单地对比一个币种的绝对增值幅度，还要计算它们的相对增值幅度。在前面的分析中，可以看到不少的币种，虽然它们的市场价格与发行价格相比也有一定增值，但如果长期收藏就会存在一定风险，甚至获得的增值收益无法与通货膨胀、货币贬值等因素造成的损失相互对冲。这种情况一定是收藏者和投资者不愿意看到的。如何选择收藏和投资的币种就显得极其重要。

（3）如何判断一个币种购买后的增值幅度和投资价值，是广大收藏与投资人士最关心的实际问题。实际上影响某一币种增值幅度的因素很多，既有币种的系统因素，也有币种的自身因素，而且这种因素对价格的影响往往是很难预知的，否则就不会有收藏与投资的乐趣、痛苦与魅力。

通过在本章分析中积累的数据，探索性地总结出影响贵金属币增值幅度的一些基本规律：

（1）首先应该看到，在市场经济中，商品的供求关系是影响市场价格的最基本要素，资源存量小于需求量，商品的价格就会上涨，反之就会下跌。这个基本规律将控制贵金属币的市场价格，同时也是研究贵金属币增值性能的最基本线索。

（2）通过分析数据可以看到，影响贵金属币市场价格的最重要因素是发行的数量。发行数量越大的币种，越容易突破某一段时间市场供需的平衡点。某一币种的发行数量一旦超过市场需求，市场价格就一定会下跌；某一年度的发行总量一旦超过市场的承受能力，整个市场就会出现调整。实际上受到环境和条件的影响，每个币种的发行量究竟确定为多少算是合适，很难用固定的模式推算。比如在 20 世纪八九十年代发行的很多币种，在今天看来发行的数量很少，当时也并不容易销售，它们的投资价值是随着经济的发展和市场环境的改善，在之后较长时间里才被发现的。同理，目前很多币种的发行量是否合适，也只能靠历史去检验。随着我国经济的进一步发展和收藏群体的迅速扩大，目前有些币种的发行量可能并不算大。这里关键要看今后整个经济形势如何发展和市场环境能否得到进一步改善。因此要用一种动态的、发展的和辩证的思维去分析和判断币种的发行量，因为时间和历史会说明一切。

（3）贵金属币的市场价格是由贵金属价值和货币溢价因素产生的价值构成的。分析数据告诉我们，贵金属价格走势是影响贵金属币市场价格的第二位因素。虽然在每个具体币种之间，对贵金属价格反映的灵敏度可能存在较大差异，但这种影响是系统性的。贵金属价格的变化最终都会不同程度地影响到每个币种的市场价格。特别是当贵金属价格不断上涨时，人们可能更加看重贵金属币中的贵金属属性，提高购买意愿，造成需求总量上升，带动贵金属币溢价因素产生的价值提高。反之，也会因贵金属价格的大幅下挫，降低人们购买贵金属币的欲望，引起需求总量下降，影响到溢价因素产生的价值。由此可以看到，贵金属价格的变化，一方面会对贵金属价值产生直接影响，另一方面也会间接渗透和拉动贵金属币溢价因素产生的价值，最终影响贵金属币的整体市场价格。

（4）影响贵金属币市场价格的因素还有很多，例如币种的题材、发行时间的早晚、规格的大小、材质的不同、铸造技术条件的不同、基础价格水平的差异、设计铸造水平的优劣，等等。但深入分析这些因素，最终都可以追溯到供需关系变化的基本点。例如一个好的题材，由于受到广泛关注和收藏者喜爱，需求量就会大幅上升，尽管发行的数量不小，但仍有可能存在较大的供需矛盾，造成市场价格上升。反之，如果题材不受欢迎，尽管发行的数量不大，也有可能造成滞销，促使市场价格下跌。再例如，有些最大规格的币种，由于它们的基础价格水平较高，收藏购买群体必然会受到限制，尽管它们的铸造数量很少，但增值的绝对幅度和相对幅度都会受到很大的影响。从分析统计的数据看，增值幅度最大的币种一般都集中在1千克（包括）以下的中小规格币种。还有，在大量的分析数据中，我们可以看到银币的价值取向有些奇特。在投资保值最优和最差的排序对比中，都能看到银币活跃的身影，形成明显的两极分化。由于银币的贵金属成本相对较低，对市场供需关系的反应特别敏感，它们一个方面可能成为保值增值性能很优秀的币种，另一方面也可能是导致投资亏损的"烫手山芋"。如果选择银币作为收藏投资目标，应该更加小心谨慎，用心分析其价值。再有，一枚贵金属币的品相好坏对它的市场价格也有重要影响，这种影响的重要性有时不亚于对不同币种的选择。大量数据证明，对同属一个品种的贵金属币来讲，品相优良与品相不良的产品相比，市场交易价格会相差很大，有时甚至会达到数倍之多。因此收藏和投资者在购买贵金属币时要仔细辨别它们的表面质量，同时注意收藏保管条件，避免表面产生不良变化或瑕疵。

在每个影响市场价格的因素中都有各自的规律，这里不再一一列举。在实际的操作中，应从具体的条件和环境出发，用发展和变化的视野深入分析洞察这些因素对供需关系造成的影响和变化，从中寻找最有增值潜力的币种。

（5）贵金属币市场价格的上涨主要靠资金支持，没有资金的入市就不可能有价格的上涨，供需关系的变化最终要以入市资金的形式体现。在这里需要引起特别注意的是，入市资金对某些题材、板块或币种的投机炒作，会掩盖真实的供需平衡点，造成虚假的供需关系紧张，形成价格虚高和市场泡沫。当资本获取巨额利润撤出资金后，这些币种的价格就会急速下跌，最终反映出它的真实价值。这种现象在钱币市场中屡见不鲜，市场分析的数据中也有所反映，收藏投资者对此应该保持高度警惕。

贵金属币特别是贵金属纪念币是一种收藏品，不是解决基本生存问题的一般生活用品，供需关系会随环境和条件的变化而产生巨大差异。特别是人们的心理预期一旦形成一种趋势，就会使需求瞬间产生变化。当市场环境较好，赚钱效应明显，整个市场形成牛市时，就会使需求猛烈增长，入市资金大增，贵金属币的价格普遍上涨。反之，当市场环境不好，没有赚钱效应，整个市场形成熊市时，原有的最基本需求也会迅速下降，造成供需关系的逆向转化。因此搞好市场环境，不断扩大和提高收藏投资群体的数量与质量，是提高贵金属币投资价值最基本的条件。

对松散的收藏投资个体来说，不断改善市场环境是无能为力的，这项工作应该是管理层的主要职责和任务，也是管理层应该研究解决的重要课题。如何进行发行管理体制改革？如何建立适合市场发展的销售体制？如何向市场提供具备精品条件的项目和币种？如何适时调控发行的总规模？如何解决市场的顺畅交易问题？如何使投资币真正发挥投资功能？合理有效地解决这些问题，将会极大地改善我国贵金属币的市场环境，从而迅速扩大收藏群体，增加市场总需求，吸引更多资金入市，提升贵金属币的市场价格和投资价值，实现我国贵金属币市场的良性循环。

4 中国现代贵金属币市场体系分析

我国现代贵金属币经过几十年的发展，如同一个呱呱坠地的婴儿，已经长成为一个身形健硕的青年。通过上面的分析可以看到，截至 2011 年底，贵金属币发行项目总数已达 352 个、币种 1843 种、发行总数量 5831.65 万枚、总重量 5145.25 万盎司、市场价总市值 1541.89 亿元人民币。按照年度销售总额（零售价）的平均上涨速度计算，年均增长率达到 13.05%，接近中国经济（GDP）的平均发展速度。另外，从投资增值的指标看，反映贵金属币抵抗通货膨胀能力的 CBZ、LBZ 和 HBZ 指标分别超过 CPI 的 206.3%、超过同期存款利率的 132.4%、超过货币贬值系数的 63.6%，而且它的 GBZ－2 指标更是获得 3.7% 的增幅，表现出较强的抗跌能力。由此可以肯定，我国的贵金属币从整体上看具有较好的收藏、投资和保值性能，完全值得收藏和投资，也对我国钱币文化事业的发展起到了积极的推动作用。

4.1 贵金属币市场体系发展过程回顾

回眸我国现代贵金属币事业的发展，我们可以清晰地看到两条最基本的脉络，一是改革开放为贵金属币的起步提供了重要机遇，同时随着改革开放和社会主义市场经济的不断发展和壮大，为贵金属币市场提供了足够的发展动力和空间；二是社会主义市场经济的基本规律也是贵金属币市场发展的基本规律，随着贵金属币市场体系的建立和不断完善，我国贵金属币事业也将不断发展和进步。

我国现代贵金属币的市场体系从无到有、从小到大，经过了一个较长时间的发展过程，它主要包括：①33 年来积累的 1843 种贵金属币和相关的政府发行管理系统。②包括一级市场和二级市场在内的价值交换系统。③广大的钱币收藏、投资群体和其他消费群体。其中的一级市场主要是指由国有专营企业和特许零售企业组成的贵金属币零售系统。二级市场主要是指民间自发形成的钱币交易市场、拍卖市场，以及与钱币交易有关的其他交易方式和渠道。

（1）1979年，我国的改革开放事业刚刚启动。为了配合宣传改革开放政策，增加外汇收入，支持国内经济建设，国家开始对外发行销售贵金属纪念币。从1979—1984年的最初几年，国内市场还没有启动，主管部门也没有成立营销贵金属币的专门企业，铸造的产品全部销往境外。当时每年平均的项目数约为3个、年均币种数量约12个，贵金属币年均总销量也只有8万盎司左右，属于初始发展阶段。

（2）随着我国经济的快速发展和市场需求的出现，从1984年9月1日起，国内开始在北京、上海和广州等地试点销售贵金属币，从此开启了国内市场的先河。1985—1994年，是我国贵金属币市场发展的第二个历史时期。在这个时期内，虽然仍是以外销为主、内销为辅的发展阶段，但国内市场的需求已经明显上涨。特别是1987年成立了我国的贵金属币国有专营企业，为国内市场的建立和发展提供了强大引擎。到1994年止，以特约方式组建的贵金属币国内零售网点已经发展到近50个，零售体系初现雏形。与此同时，我国民间的钱币交易市场也开始萌动，民间资本开始进入二级市场，形成了最初形态的贵金属币市场格局。在这10年间，我国贵金属币年均项目数大约为9个，年均币种数约为59个，年均销售总重量约66万盎司，属市场启动阶段。

（3）1995年是我国贵金属币市场发展的重要一年。这一年发行的"联合国第四届世界妇女大会银及双金属纪念币"是专门为国内市场设计开发的第一个贵金属纪念币题材。同时在这一年，也举办了第一届北京国际邮票钱币博览会。从这一年开始，我国贵金属币进入了一个快速的发展时期。1995—1999年的五年时间，我国贵金属币的境外市场和国内市场齐头并进，境外项目和国内项目同时立项开发，共计发行了101个项目、535个币种、发行贵金属币的总重量达1042万盎司，形成了我国贵金属币发行史上的一个高潮。也正是在这五年时间里，国内的贵金属币市场出现了一次"市场启动→快速发展→近乎狂热→市场停滞"的比较完整的周期过程。在这期间，宏观管理失控、发展计划盲目无序、市场秩序混乱、投机炒作盛行，使整个市场处在不稳定状态，对贵金属币事业的健康发展带来了不利影响，同时也给广大收藏和投资群体造成了伤害，最终导致整个钱币市场出现了多年的低迷和不振。

（4）为了吸取市场盛衰的经验教训，促使我国贵金属币事业更好地发展，从2000年开始，整个贵金属币市场体系进入了调整时期。首先，作为负责发行管理的主管部门，加强了贵金属币项目的立项审批和监督管理，确立了以内销为主的发展战略，同时停止了境外项目的审批。在具体的发行项目管理中，国有专营企业一改过去"多品种少批量"的发行策略，大幅度压缩了发行的项目和币种。由 1995—1999 年每年平均 20 个项目、110 个币种，调整到 2000—2005 年的每年平均 11 个项、48 个币种。在对项目进行调整压缩的工作中，每个项目的平均销售规模由过去的 10 万盎司增长到接近 20 万盎司。在整顿发行项目的同时，国有专营企业也加强了贵金属币一级市场的建设和管理，建立健全了国有专营企业系统内的直销中心和零售中心，将较为松散的特约经销制升级为特许经营制，审批特许经营商 90 多家，初步提升了我国贵金属币零售系统的管理水平。经过上一次市场剧烈波动的历练，我国贵金属币二级市场也不断成熟和发展。这种成熟和发展主要体现在：市场规模（资金和货品存量）不断扩大，抵抗风险能力有所增强，交易手段和渠道不断完善，理性的收藏投资群体不断壮大，民间对贵金属币的研究水平也不断提高。

（5）经过几年的调整，2006 年以后，随着国际国内重大活动的频繁开展，我国贵金属币市场又迎来了一次全新的发展时期。在这段时间内，随着二级市场的发展，社会资本更加关注贵金属币收藏板块，收藏投资群体继续不断扩大。特别是伴随近年来的流动性过剩、资产价值攀升以及贵金属价格的全面上涨，贵金属币又迎来了一波新的牛市行情。在这几年时间里，虽然我国贵金属币年均的发行项目和币种数没有很大变化，但紧随这次牛市行情，发行规模却跃上了一个新的台阶。在 2006—2011 年的六年时间内，每年平均的发行总重量接近 370 万盎司，年均零售价总值也达 45.6 亿元人民币，特别是 2011 年，我国现代贵金属币更是站上了发行历史上的峰值点。

通过简单回顾我国贵金属币市场体系的成长过程，我们可以清楚地看到，社会主义市场经济体制的建立和发展，为我国钱币事业的发展奠定了坚实基础；与此同时，如果没有贵金属币市场体系的建立和进步，也就没有钱币市场的繁荣。

4.2 贵金属币市场体系存在的主要问题

对于我国贵金属币事业的发展来说，在充分肯定市场机制发挥的积极作用的同时，也必须看到它对钱币文化本身产生的负面影响。纵观市场经济的发展历史，任何经济活动，无不以营利为动力。这些经济活动在向社会提供使用价值的同时，最终实现着自己的盈利目标。因此在经济利益的驱使下，市场参与者的个体目标，特别是资本的逐利本性，必然对总体的社会利益产生干扰并使之偏移，而这种偏移和干扰在市场体制尚不完备的情况下，就显得尤为突出。这种市场经济中的"目标偏移倾向"在我国贵金属币市场体系中同样存在，并有可能对政府决策、市场规则、销售政策以及市场秩序造成干扰。通过以下几个问题的分析研究，就可以看到我国贵金属币市场体系中存在的主要问题和缺陷。

4.2.1　政府行政权力的企业化运作问题亟待解决

由于某些历史原因，我国贵金属币的发行管理体制一直施行以政府主管部门为依托，由所属国有专营企业实际负责的方式进行运作，即政府行政权力的企业化运作。

这种发行管理方式在市场开发的初期也许还能适应。但随着市场的不断扩大和各种经济利益的渗透，特别是贵金属币作为一种垄断性、稀缺性资源，这种"政企不分"的发行管理体制已经暴露出越来越多的问题和弊端。

例如，在前边的分析中已经看到，在 20 世纪 90 年代的中后期，为了同时满足国内外诸多钱币经销商的不同利益，我国贵金属币的项目、币种出现了爆发性增长。在这期间，政府职能缺失，政府所属的国有专营企业实际掌控着贵金属币的发行决策权。在各种利益的诱惑和缺乏长远规划的情况下，我国贵金属币宝贵的题材资源遭到无序开发，国家货币发行的严肃性受到挑战。这种企业的短期行为，已经对市场的发展和我国贵金属币题材的长期有序利用造成不利影响。

进入 21 世纪后，通过总结上一阶段的经验教训，主管部门虽然加强了贵金属币项目的立项审批和监管，但在发行决策体制上的政企不分问题仍然没有得到实质性解决。在制订贵金属币发行计划时，主管部门所属的国有专营企业仍然起着决定性作用。也正是由于这些原因，在我国贵金属币发行项目的管理上仍然存在不少问题。例如，我国虽然不是官方金币发行的大国，却是贵金属纪念币发行的世界冠军。在这些已经发行的项目中，有些项目的题材质量不高，有些项目过度商业化，还有些项目题材重复、缺乏长远规划，总体上还有偏多和杂乱之嫌。从这些项目的开发中，不难看到政绩冲动、企业短期行为和利益集团运作的阴影。

贵金属币的发行是国家的行政权力，以贵金属币形式出现的项目题材是垄断性、稀缺性的公共资源。贵金属币的发行计划和方案应符合社会和公众利益，服从于钱币文化长远发展的大局，不能为发行而发行，更不能成为谋求部门利益、企业利益甚至某些利益集团私利的工具。而政府行政权力的企业化运作很难从根本上避免上述问题的出现。在局部利益与社会公共利益发生矛盾和冲突时，如何进行有效制约，已经成为我国贵金属币项目发行管理中迫切需要解决的问题。

4.2.2　零售体系中零售价格管理失控问题亟待彻底解决

我国贵金属币一级零售市场的建立和发展，经过了一段较长时间的磨合和探索。目前采用的国有专营企业零售系统加特许经营网络的零售方式，比 20 世纪八九十年代的无序混乱状态已经有了很大改进。虽然管理层一直在推动所谓的"阳光工程"，努力实现公共产品销售的"三公原则"，但资本的逐利本性与公共利益之间的博弈始终没有停止。

正如前面对 2011 年板块进行分析时提到的，由于目前我国贵金属币一级市场与二级市场之间存在较大价差，为了博取最大的商业利益，有相当一部分产品没有通过零售市场的价值转换，而是由不少特许经营商直接卖入二级市场。

根据"信息分析系统"的统计计算，在扣除投资币和定向销售的加字币以及其他因素的基础上，2007—2011 年各种贵金属纪念币零售指导价大约不少于 100 亿元人民币。用最保守的参数估算：①有 50% 的产品可按标准零售指导价销售；②新品上市一周至三个月内平均高开 50%（实际平均高开可能达 80% 以上）；至少有大约 25 亿元人民币的市场溢价进入了特许零售商的财富账户。实际上这部分贵金属纪念币的投资增值权益本应由广大收藏投资群体和其他消费群体获得。

近年来，按标准计算的特许零售商批零差价大约在 10% ~ 15% 之间，属于社会资本平均回报率的合理范围，同时申请成为特许零售商资格的门槛不断提高。但为什么仍有大量资本想尽各种办法试图挤进特许零售系统呢？究其原因，上边的数据就可以道出其中的玄机。

我国的贵金属币是一种以法定货币形式出现的收藏品，同时也是一种社会的公共产品。对于每一个有意购买的消费者来说，都有权在机会均等的原则下，通过公开、公平、公正的方式，获得一手价格的产品，同时承担由于二级市场价格波动带来的收益和风险。贵金属币一级零售市场体系应该为这种销售宗旨服务。但我们目前的一级零售市场体系却在一定程度上有违这种销售宗旨，其结果是一些特许零售商在获得超额利润的同时，将市场风险转嫁给其他消费群体。显然这种情况有损贵金属币销售的"三公原则"，同时也会使公众对主管部门的市场治理能力产生怀疑。

目前有一种所谓"一级半市场"的说法，试图为这种不规范的销售模式提供支持。实际上"一级半市场"是股票市场中的一个专有概念，它主要指在一级发行市场和二级流通市场之间进行的市场交易活动。这里暂且不谈股票市场中一级半市场存在的问题，仅从贵金属币的基本属性来看，在我国贵金属币的市场体系中根本没有一级半市场存在的法理依据，同时在公平、公正、公开的社会主义市场经济中也没有它立身的基础。

在市场经济中，资本欲图谋取最大商业利益的本质是无法改变的，因此在现有贵金属币一级零售体系的设计中，出现特许零售商利用一级市场与二级市场之间的差价赚取暴利的现象实属正常。如果不对现行贵金属币一级零售体系的顶层设计进行重大改革和调整，那么这种有违市场公平和秩序的现象就不可能得到根本的改观。

4.2.3 贵金属币的二级市场有待进一步发展

我国贵金属币的一级市场和二级市场是一个相辅相成的有机整体。一级市场应该通过公开、公平、公正的方式向广大消费者提供一手价格的钱币，贵金属币的投资增值属性主要通过二级市场的自由交换来实现。

贵金属币的二级市场是随着一级市场的建立而自发形成的，是整个贵金属币市场体系的重要组成部分，如果没有健全、高效、有序的二级市场，就不可能有一级市场的繁荣和发展。

伴随着我国贵金属币一级市场的不断发展和壮大，二级市场也在不断成熟和进步。目前我国的贵金属币二级市场主要通过传统的交易平台、拍卖交易平台和网络交易平台发挥着市场扩散功能、价值定位功能、价值发现功能和存量调蓄功能，资金规模和交易量都达到了一定水平，已成为连接市场参与者的重要纽带和最敏感的信息传播中心。

由于贵金属币的二级市场是自发形成的市场，加之资本的逐利本性，使得这个市场不但充满着敏锐、智慧和开拓进取的积极精神，同时也充斥着冒险、非理性甚至尔虞我诈的消极特质。因此在肯定二级市场积极作用的同时，也必须充分认识到它的负面影响。

目前，我国的贵金属币已经拥有1800多个币种。从"信息分析系统"统计的数据可以看到，这些币种在二级市场中的总体表现尚佳，但其中也有一部分品种的投资增值性能差强人意，其中没有跑赢CIP的币种占5.46%，没有跑赢同期存款利率的币种占12.62%，没有跑赢货币贬值速度的币种占26.51%。

这组数据真实体现了市场的价值定位功能。它充分说明：贵金属币大盘内部的结构是不平衡的，同时也说明以往发行的项目方案的确有值得反思的问题。

关于贵金属币市场交易活跃度的问题，通过"信息分析系统"的统计结果可以看到，成交顺畅的币种占 15.64%，成交不畅的币种占 55.13%，成交困难的币种占 29.23%。通过这组数据我们可以看到：①在二级市场中，资本的关注热点是有选择性的，从资本的逐利性出发，它们一般往往关注最新上市的币种、换手率高的币种以及增值潜力较大的币种，绝大部分不具备上述特征的币种一般就会受到冷落。②自发形成的二级市场不是万能的，它不能自动解决贵金属币价值交换中的所有问题。

贵金属币的投资价值是通过二级市场的交换完成的，不管市场交易价格如何，如果大部分币种不能在二级市场顺畅地完成价值转换，就会对一级市场的发展造成不利影响。能否通过某种方式主动弥补市场缺陷，就成为了进一步发展整个贵金属币市场的重要问题。

长期以来在我国贵金属币发行销售的管理层内，在如何看待二级市场、能否通过某种方式引导和调控二级市场的问题上，一直存在不同的观点和认识。其中某些观点认为，二级市场只是一种民间自发的投机炒作，与一级市场没有相辅相成的平等关系，自己的任务就是不断地向市场投放越来越多的新币种，至于这些币种能否给收藏投资群体带来应有的增值回报却是不需要考虑的问题，对二级市场采取一种视而不见、任其发展的消极态度。当然在管理层中也有一些比较积极的观点，认为应该认真研究二级市场的发展规律，利用二级市场的积极因素为发展一级市场服务，甚至可以在市场发生剧烈波动时，采取适当措施对二级市场进干预、引导和调控。

实际上，不管是否承认二级市场在整个贵金属币市场中的作用，这种作用都是客观存在的。这里的关键问题是如何采用适当的市场手段而不是行政手段对二级市场进行积极引导，让绝大部分贵金属币都能通过二级市场顺畅地实现价值转换。可以肯定地说，使用市场手段对二级市场进行积极引导和管理，比漠视市场存在、任由市场自由表现，更有利于我国贵金属币市场的健康发展。

4.2.4 贵金属币的精品战略有待进一步落实

供需关系是影响贵金属币收藏投资价值的基本因素，它们的文化内涵和铸造质量又是影响供需关系的重要传导因素。一枚寓意深远、雕刻精美、铸造精良的钱币必将受到更多人的喜爱，同时也会给后人留下宝贵的精神物质财富。如何设计和发行能够经受历史检验的艺术精品，更是货币发行部门应该慎重把握的重要问题。

在我国贵金属币 33 年的发行历史中，管理层和广大设计、雕刻人员精心选题、精心设计、精心铸造，同时不断利用造币技术的最新发展成果，将丰富多彩的贵金属币奉献给了我国的钱币市场和广大的收藏投资群体。因此可以说，到目前为止，在已经发行的 1800 多种贵金属币中，绝大部分币种都能经受住历史的检验，成为载入钱币史册的钱币佳品。

在肯定我国贵金属币整体设计铸造质量的同时，也必须看到存在的一些问题。其中关于彩色币的设计、铸造及收藏品质问题，就应该引起高度关注。

所谓彩色币主要是指用彩色移印技术将色彩印刷到局部或全部后的钱币。有关资料显示，世界上第一枚彩色币是 1994 年由瑞士的休格纳造币厂铸造的"帕劳——海洋动物"币。我国的第一组彩色币是 1997 年 10 月发行的 1/10 盎司虎年金币和 1 盎司虎年银币。到目前为止，我国已经铸造发行各种彩色币 202 种，占同期精制币发行币种数的 28.94%，其中彩色金币 64 种、彩色银币 138 种。彩色币共发行 882.58 万枚，占同期精制币总发行数量的 49.74%。彩色币共铸造 1073.20 万盎司，占同期精制币发行总重量的 46.25%。

货币铸造是人类历史上悠久的生产技术，长期以来一般都是使用金属浮雕工艺展现货币图案。自从彩色移印技术成功应用到造币技术领域后，给色彩单一的金属货币表面确实增添了更加丰富的视觉感官，受到了市场的欢迎。我国的彩色币发行后，作为一种全新的币种，也受到了市场的追捧，并且作为一种新概念一度受到了二级市场的疯狂炒作。

但彩色币作为一种印刷技术在造币领域的应用，一直存在着致命的和不可避免的缺陷：①即使采用了特别的印刷技术和颜料，它的表面状态仍极不稳定，很容易在短时间内发生掉色和褪色的质量问题，给精美的货币表面带来很难修复的永久缺陷。②彩色移印技术在金属货币中的使用，弱化了金属雕刻技艺的表现力，使本来可以成为极具艺术价值的雕刻艺术品，沦为了一般的工业印刷品。③由于色彩的逐步脱落是无法抗拒的自然规律，在经过较长时间的历史沉淀后，彩色币表面艳丽的色彩将逐步脱落，后人将肯定无法看到这枚货币出生时的历史原貌。由于上述原因，国际上一般把彩色币定义为商业货币，而且大多被使用在纯商业牟利的时令币种上。随着时间的推移，彩色币的缺陷已经被越来越深刻地认识到，因此这种技术在国家货币中的使用中已经受到更多限制，在权威性的国际硬币评奖中，也已很少看到彩色币的身影。

彩色移印技术在造币领域的应用是一种新生的事物，由于它的利弊还未被充分认识，在我国 1997 年以后发行的贵金属纪念币中，得到了一定程度的使用，平均每四种贵金属纪念币中至少就有一种是彩色币，发行的总枚数和总重量也接近50%。当然在这些彩色币中，有一部分对色彩的使用比较恰当，对表现设计主题起到了画龙点睛的作用。然而也有一部分币种使用的色彩不够恰当，甚至有的币种几乎完全丢弃了金属雕刻的货币本性，成了以金银为材质的工业印刷品，显示出过度商业化的倾向，使这些币种丧失了长期的收藏价值，同时也造成我国宝贵的纪念币题材资源没能得到很好的开发与使用。

为充分保证贵金属币的长期收藏品质，为对广大收藏投资者负责，为使我们现在发行的贵金属币在历史的长河中永远都能成为载入史册的艺术精品，在我国贵金属币的设计雕刻中，应该充分利用和发挥传统雕刻技艺所绽放出的艺术魅力。因此，对新的彩色移印技术虽然不能采取完全排斥的态度，但对它的使用应持慎重态度，在主题设计确有需要时，才有限度地使用，同时保证不降低整个产品设计铸造的精品质量，并与中国贵金属币总体的精品战略相匹配。

从自身角度审视我国贵金属币市场的发展，33年来已经有了很大的进步。但从更加宏观的视角观察，这个市场规模仍然很小。例如，从行业的销售总值看，即使是历史最高值的2011年，也只有不到120亿元人民币，与我国目前7.46万亿美元的经济总量相比几乎可以忽略不计。从我国目前黄金消费的情况看，2011年官方造币用金量为21.3吨，在没有计入金条消费的情况下，仅为我国黄金首饰消费量的4.17%，处于整个市场的末端。另外从2011年不到1550亿元人民币的市场价总值看，与其他很多全国性的市场相比，也很难相提并论。因此可以说，我国贵金属币市场目前还只是整个国内收藏品市场中的一部分，在整个国民经济和国计民生中仍处于辅助位置，社会及舆论的关注度不高，整个市场发展的潜力还非常巨大。笔者相信，随着我国经济的进一步发展和人民消费能力的不断增强，以及社会及舆论关注度的不断提高，我国贵金属币市场体系和市场环境的不断调整和完善，我国贵金属币市场必将迎来更加辉煌的明天。

5 中国现代贵金属币 市场发展思考

我国现代贵金属币33年的成长历程，是在不断努力和探索中进步和发展的历程。回顾历史，展望未来，不断地进行自我调整和完善，也是更好地发展贵金属币市场体系的必然要求。

5.1 贵金属币市场体系的理论思考

为使我国贵金属币事业在社会主义市场经济的大环境下更加健康有序地发展，认真探讨有关重大理论问题十分有必要。

5.1.1 贵金属币的基本性质

我国的贵金属币是在国家法律框架下，根据相关法律法规，由国家授权主管部门发行的。它是我国法定货币——人民币的一部分。

根据法律规定的有关精神，贵金属币应该具有以下基本特征：

（1）发行贵金属币是政府行为，是国家根据需要进行的一项货币发行工作，其发行宗旨应该是为公共利益和我国钱币文化发展服务。

（2）贵金属币是一种以法定货币形式出现的商品，但没有一般意义上人民币的等价流通职能，实际上是一种带有收藏鉴赏功能的公共产品。

（3）贵金属币的法定性质，决定了它使用的项目主题也是一种公共资源，贵金属币发行项目的选择应具有严肃性、计划性和合理性，应避免"公地悲剧"现象的发生。

（4）贵金属币是一种具有文化内涵和艺术内涵的批量工业产品，同时也是一种代表国家形象的法定货币，它的设计和铸造要达到艺术精品的质量要求。

5.1.2 贵金属币的经济属性

贵金属币是一种以法定货币形式出现的收藏品，它既有文化属性，又有经济属性。钱币收藏是钱币文化得以继承和发展的基础，是社会精神文化生活的组成部分。钱币收藏一方面是人民在解决了基本温饱基础上进行的一种高层次的精神文化活动，同时也是一种以投资增值为目的的经济活动。实际上在社会政治经济稳定的条件下，正是以投资增值为目的的钱币收藏带动了钱币文化的发展和普及。因此在肯定钱币收藏文化属性的同时，承认它的经济属性，对发展钱币文化具有重要意义。

贵金属币的经济属性主要体现在随着时间的推移、收藏群体的扩大和经济的发展而逐渐增值。如果用于收藏的贵金属币在市场中呈现不出保值增值的趋势，就等于丧失了收藏贵金属币的社会基础和发展空间。

5.1.3 贵金属币市场体系的理论要点

在市场经济条件下，贵金属币的投资增值功能是通过市场交换实现的。贵金属币市场体系的建立、发展和完善，在推动钱币收藏、弘扬钱币文化方面发挥着不可替代的作用。

我国贵金属币的市场体系应该由以下几个部分组成：

（1）发行贵金属纪念币是政府行为，贵金属币的发行主管部门是贵金属币市场体系的源头和主体。它承担着制订发行计划、向市场输送贵金属币以及管理市场的任务。

（2）贵金属币的一级市场主要是在国有专营企业组织下建立的发行零售体系。它的主要职能应该是以合理统一的价格，通过公开、公平、公正的方式，向贵金属币的消费群体提供一手价格的钱币商品。

（3）贵金属币的二级市场主要是在合法经营的基础上，由多种经济成分参与的自由市场。贵金属币的投资增值性能，主要应按照价值规律通过二级市场的自由交易来实现。

（4）由收藏群体、投资群体和礼品消费群体构成的广大消费群体是整个贵金属币市场体系的重要组成部分，是发展和普及钱币文化的社会基础和经济基础。培育和扩大这一消费群体，关系到贵金属币事业的兴衰。对广大消费群体负责，是主管部门和国有专营企业最重要的工作宗旨。对贵金属币市场的评判，广大消费群体最有发言权。

（5）以广大消费群体为基础的贵金属币市场体系，是在政府主导下，由一级市场和二级市场构成的相辅相成的有机整体。没有活跃的二级市场就不可能有持续发展的一级市场，一级市场的混乱无序必然导致二级市场的失控和停滞。

（6）在政府管理下的市场经济是社会化的商品经济，它具有平等性、竞争性、法制性、开放性的一般特征，是实现资源优化配置的一种有效形式。市场经济不是万能的，其本身也存在一些固有缺陷，也会产生泡沫和周期性波动。特别是在经济利益驱使下，市场参与者的个体行为，会对社会公众的整体利益产生干扰和侵犯。这种市场经济中的"目标偏移倾向"在贵金属币市场体系中同样存在，并有可能对政府决策、市场规则、市场行为和市场秩序造成干扰。因此在贵金属币市场出现严重偏移时，主管部门有责任和义务使用行政手段和市场手段进行改革、调控和引导。

5.2 贵金属币市场体系的发展思考

在长期的发展中，我国贵金属币市场体系已经取得了很大的进步，但也存在一些问题和缺陷。为不断完善市场环境，促进我国贵金属币事业更加健康有序地发展，按照市场发展的有关理论和现实状况，现探索性地提出一些改革完善的建议。

5.2.1 真正实现政企职能分离，保证主管部门独立行使贵金属币发行权

通过上文的理论分析我们知道，贵金属币是国家的法定货币，其发行是国家授权主管部门实施的一种行政权力。按照政府职能与企业职能分离的社会主义市场经济的基本原则，贵金属币的发行职能也应与国有专营企业的经营销售职能彻底分离。

由于历史发展原因，我国贵金属币一直延续以政府部门为依托，由所属国有专营企业承担发行、销售双重职能的管理模式，即政府职能的企业化运作。历史的实践和现实的状况证明，这种管理模式已经不能适应贵金属币事业的长期健康发展需要。特别是这种模式很难避免企业短期行为、政绩冲动和其他因素对政府货币发行职能产生的干扰。

为最大限度地保证公众利益，同时服从我国钱币市场发展的大局需要，建议及时采取措施，真正实现政府职能与企业经营职能的彻底分离。国家主管部门应成立专门的相关组织或机构，确定贵金属币的发行原则，根据市场发展需

要制订贵金属币的发行规划和实施计划，真正独立行使贵金属币的发行权，对贵金属币一级市场零售价格的制定实施有效监管，避免其他因素的干扰，避免发行计划被国有专营企业的经济利益所绑架。国有专营企业的主要任务应该是负责组织和落实国家的贵金属币发行计划，组织市场的宣传、营销和推广，改善市场环境。由于贵金属币是一种带有公共产品性质的商品，在政府授权下实施垄断经营的国有专营企业，应该在公众和社会舆论的监督下实施阳光运作，应该把社会效益和服务职能放在首位，不能单纯追求企业利润，更不能为了自身的企业利益损害其他经营者和消费者的利益，使自己真正成为服务社会、服务市场、自我约束、自我发展的企业实体。

5.2.2 认真改革一级市场零售体系，切实维护消费者利益

贵金属币是国家的法定货币，同时也是一种带有公共产品性质的商品。按照社会主义市场经济最基本的平等性和开放性原则，每一个有意购买的消费者，都有权在机会均等原则下，通过公开、公平、公正的方式，获得一手价格的产品，同时承担由于二级市场价格波动带来的收益和风险。这应该是社会主义市场经济对贵金属币一级零售市场体系提出的最低要求。

在前面的分析中，已经对我国贵金属币一级市场零售体系中存在的问题进行了深入解剖。如何从根本上解决这个问题，切实维护广大消费群体的切身利益，实现市场公平，是贵金属币一级零售系统必须实现的目标。但要实现这个目标，可能存在一定难度和阻力。根据目前的情况，有两种可能的方式：

（1）采用大直销方式，通过电子平台进行全国征订是最可行的模式，目前信息技术的发展已经完全可以支撑这种销售模式。例如，2012 年"中国银行成立 100 周年纪念钞"在香港的销售就是采用的这种模式，并已经取得了成功，得到了社会的广泛认同。当然这种模式能否在我国贵金属币一级零售体系中顺利实施，也存在现实的矛盾和阻力。其中最大的问题是，如何解决新旧零售体系转换造成的多方面重大利益调整问题。能否实现通过零售体系的改革，既能保持现有零售体系已有的优势，又能从根本上断绝不规范销售的后路，是解决这个问题的关键。

（2）现有的贵金属币一级市场零售体系基本不变，通过市场手段用贵金属币的发行数量调整一级市场与二级市场之间的价差，争取做到在新品上市的一段时间内，贵金属币的零售指导价与二级市场的交易价格基本保持平衡，使利用价差的无序转移丧失利益驱动力，促使特许经销商把主要精力真正放在市场的推广上面，保证广大消费群体能够买到一手价格的产品。例如，2011 年发行

的"辛亥革命 100 周年金银纪念币"的市场表现和实际销售情况就能很好地说明这一点。但是这种方法在理论上可行，在实际操作上却很难准确找到发行量与市场需求之间的平衡点，如果操作不当，就有可能对整个市场的平衡发展带来不利影响。

除了上边提到的两种方式之外，可能还存在其他解决方案，但这种改革肯定会涉及销售规则和利益的重大调整，不付出代价和成本的方法可能并不存在，改革也不会一帆风顺。不管最终采取何种方式来解决这个重要问题，都应该最终满足一级市场零售体系公开、公平、公正的销售准则，服从于市场公平、公正、公开的大局要求。

5.2.3　引导建立做市商制度，发挥二级市场价值转换功能

我国贵金属币的二级市场是整个贵金属币市场体系的重要组成部分，与一级市场一起对中国贵金属币市场的发展起着相辅相成的作用。

市场机制不是万能的，它自身也存在固有的弊端。到目前为止，我国贵金属币的二级市场是完全自发形成的，它在实现市场扩散功能、价值定位功能、价值发现功能和存量调蓄功能的同时，也存在着不少的问题和缺陷。由于资本的逐利性本质，在我国贵金属币的二级市场中经常可以看到囤积居奇、操纵市场、投机炒作、追涨杀跌的不正常现象，使市场出现泡沫或萎缩，造成二级市场非理性的周期性波动，给整个贵金属币市场的持续健康发展造成了不利影响。其中特别是在我国目前众多的贵金属币品种中，有相当一部分币种无法在二级市场中连续顺畅地实现交易，给贵金属币的价值转换造成了障碍。

为了扬长避短，更好地发挥二级市场在我国整个贵金属币市场体系中的作用，建议：

（1）管理层要正确认识和积极对待二级市场的作用，组织力量有系统地主动调查研究二级市场的发展现状和规律，对二级市场的动态做到耳聪目明，通过对二级市场现状和规律的认识，反过来科学地指导贵金属币的发行、销售工作，为改善市场环境、提高服务市场的水平提供信息支持，使整个贵金属币事业更好更快地发展。

（2）适时引入二级市场的做市商制度，保证市场的持续平稳发展，顺畅实现贵金属币的价值转化。做市商制度是一种市场交易制度，它由具备一定实力和信誉的法人充当做市商，不断地向投资者提供买卖价格，并按其提供的价格接受投资者的买卖要求，以自有资金和实物库存与投资者进行交易，为市场提供即时性和流动性，并通过买卖价差实现一定的利润。

做市商制度在市场经济发达的市场体系中已经是一种成熟的制度。实践证明，做市商不是庄家，它一方面可以在市场中实现连续交易，同时也可以在市场出现暴涨暴跌时参与做市，从而有效地遏制过度投机，在整个市场中起到稳定平衡作用。

目前我国的贵金属币市场从实物总量和市值上看都已具备一定规模，已经初步具备引入做市商制度的条件。前些年，国内有些企业已开始在这方面进行调研和制订实施方案，但由于某些原因只好无果而终。目前的问题是，要通过调查研究，制定相关的配套政策和措施，鼓励符合一定资质要求的企业，逐步进入做市商角色，为广大贵金属币的收藏投资者提供服务。

实际上在我国的贵金属币市场体系中，适时引入做市商制度，一方面可以促进市场的健康发展，保证价值转换的顺畅进行；另一方面在一旦需要用市场手段进行调控时，也可以为管理层提供必要的操作条件和手段，是一件促进整个市场发展的重要工作，应该引起管理层的积极关注。

5.2.4　努力实施精品战略，提高贵金属币的设计铸造品质

贵金属币不但是国家的法定货币，代表着国家的形象，同时也是一种具有深刻文化内涵和艺术内涵的收藏品。贵金属币的收藏投资价值不但与发行的数量和主题有关，也与设计铸造的品质密切相关。特别是国家发行的贵金属币，作为一种文物将会被永久载入史册，因此要求贵金属币的设计铸造品质要达到艺术精品标准，同时对它们表面状态的稳定性和品质也有更高的要求。

在广大设计雕刻人员和造币企业的努力下，我国贵金属币设计铸造的总体质量已经达到一定水平，其中有的币种在国际硬币评比中获得大奖，对此应该给予充分肯定。但是其中彩色币出现的问题应该引起政府主管部门的高度重视。

关于我国彩色币的状况，在前边的探讨中已有详细分析，在这里不再赘述。从这些分析中可以得出一些总体印象：彩色移印技术在我国贵金属币的设计中已有被过度使用之嫌。其中有些彩色币已经丧失了艺术品特征，沦为了一般的工业印刷品，对贵金属币的收藏品质和价值造成了重大影响。为严肃国家货币形象，切实推行精品战略，同时对广大收藏投资者和历史负责，防止过度商业化运作，呼吁主管部门要严格控制彩色币的发行。在主题设计确有必要时，审慎适度地采用这种技术，以保证我国贵金属币的设计铸造质量达到应有的高度和水平。

5.2.5 加强信息公开工作，及时公布贵金属币实铸实售量信息

贵金属币的实铸实售量是指导广大消费群体进行收藏投资的重要信息。前几年主管部门曾经公布过一些数据，但不知何种原因，这项工作没能坚持下去。因此到目前为止，主管部门还没有向社会和公众准确、系统地公布过我国贵金属币实铸实售量的完整数据。

我国的贵金属币是国家向社会公开发行的具有收藏价值的法定货币。根据市场经济公开、透明的原则，政府有责任和义务向社会公布贵金属币的实铸实售量，广大收藏者和投资者也有权利知道每种贵金属币的实际铸造与销售数量，向社会公众告知实铸实售量也有相应的法律依据。

实际上我国贵金属币中的有些币种，在公告发行量与实铸实售量之间是存在差异的。由于有关部门没有向社会完整、系统地公布过这方面的准确数据，因此在市场中造成了很多疑惑和猜测。特别是有些人利用信息的不对称，在市场中呼风唤雨，从中渔利。还有些人利用道听途说的不准确消息，在人群中散布谣言，混淆视听，给市场造成混乱。作为一种不受保密制度限制的公众信息，贵金属币的实铸实售量应该及时向社会公布。

为了维护贵金属币市场的公开、透明的原则，保护每个市场参与者的平等知情权，建议有关部门建立有关制度，定期向社会公布贵金属币的实铸实售量。对于一时无法准确公布的币种，也要向公众说明实际情况，待条件和时机成熟时再予以公布。

笔者相信，在社会和舆论的监督下解决好这些问题，将会极大地改善我国贵金属币市场的整体环境，促进市场的扩大，全面提高我国贵金属币的投资价值。

结束语

在社会主义市场经济不断发展壮大的大环境下，我国贵金属币事业也取得了喜人的成绩。其成绩主要体现在：①在我国钱币文化绵延不断的历史画卷中，又增添了绚丽多彩的一页。②在新的历史条件下，贵金属币市场体系的建立和不断完善为继承和发展钱币文化事业提供了强大的动力。③随着我国物质文化生活水平的不断丰富和提高，钱币收藏投资和其他消费群体正在不断壮大，为我国钱币文化事业的进步提供了坚实的社会文化基础和经济基础。

回眸这段钱币事业的发展历程，我们可以看到几十年来，在不平坦的发展道路上，全体市场参与者进行了不断的努力和探索，凝聚了管理层、设计雕刻人员、造币企业、国有专营企业、一级市场和二级市场的经营者以及广大消费群体的聪明、智慧、艰辛和汗水。可以说我国贵金属币事业的发展是全体市场参与者共同奋斗的结果，承载了社会方方面面的希望与寄托，同时全体市场参与者也分享了事业发展带来的回报和成果。

正如任何事物都是在不断克服困难、解决问题的过程中发展一样，按照社会主义市场经济的发展规律和要求，我国贵金属币市场体系也存在这样或那样的问题和缺陷。正视这些问题，通过改革不断解决这些问题，是时代的召唤、历史的重托，也是市场健康发展的必然要求。当然，市场的进步不会没有阻力，改革不会一帆风顺，理想状态的实现也需要花费时间和付出成本。但是，只要坚持社会主义市场经济的基本要求，只要坚持钱币文化发展的正确方向，只要真正代表广大钱币收藏投资者和其他消费群体的根本利益，我们就一定会迎来中国贵金属币市场发展更加辉煌灿烂的明天。

参考文献

（1）中国人民银行贵金属纪念币发行公告（各期）.

（2）中国金币总公司. 中华人民共和国贵金属纪念币图录 [M]. 成都：西南财经大学出版社，2006.

（3）皮执凯，等. 中国金银币年鉴（1992—1998）[M]. 北京：中国金融出版社，1998.

（4）编委会. 当代中国货币印制与铸造 [M]. 北京：中国金融出版社，1998.

（5）编委会. 沈阳造币厂图志（1906—1996）[M]. 北京：中国金融出版社，1996.

（6）编委会. 上海造币厂志 [M]. 北京：中国金融出版社，1993.

（7）编委会. 上海造币厂志（1991—2000）[M]. 北京：中国金融出版社，2000.

（8）编委会. 沈阳造币厂志 [M]. 北京：中国金融出版社，1993.

（9）编委会. 沈阳造币厂志（1991—2000）[M]. 北京：中国金融出版社，2000.

（10）编委会. 中国现代金银币大全（1979—1999）[M]. 北京：中国大百科全书出版社，2000.

（11）葛祖康. 中国现代贵金属币章图谱 [M]. 北京：中国金融出版社，2011.

（12）葛祖康. 中华人民共和国贵金属币章目录 [R]. 内部交流，2010.

（13）国家统计局统计公报（1979—2011）（各期）.

（14）中国金融年鉴（1979—2011）（各年）.

（15）国家外汇管理局统计公报（各期）.

（16）世界黄金协会. 世界黄金年鉴（1997—2011）[M]. 伦敦：世界黄金年鉴社，1997—2011 各年.

（17）世界白银协会. 世界白银年鉴（2006—2011）[M]. 伦敦：世界白

银年鉴社，2006—2011 各年．

（18）咸言．关于发展我国钱币市场的思考 [J]．金融研究，1998（8）．

（19）姚凤阁．投资经济学 [M]．大连：东北财经大学出版社，2010．

（20）北京东方、北京嘉德、北京诚轩、北京汇通、上海弘盛、香港冠军等拍卖行成交价公告。

附 图

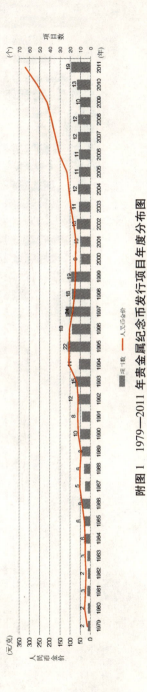

附图 1　1979—2011 年贵金属纪念币发行项目年度分布图

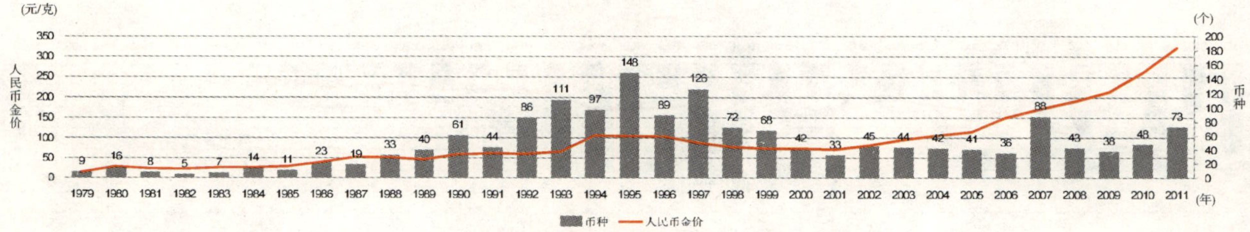

附图 2　1979—2011 年贵金属纪念币发行币种年度分布图

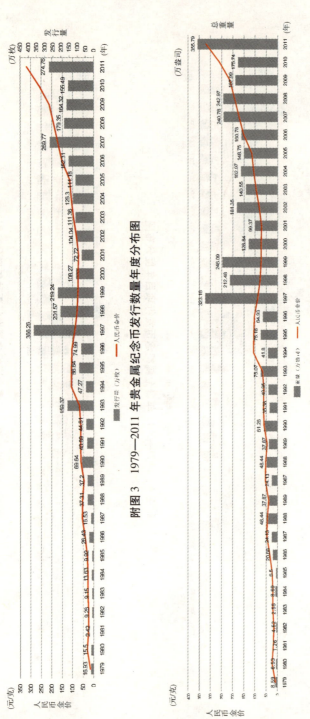

附图 3　1979—2011 年贵金属纪念币发行数量年度分布图

附图 4　1979—2011 年贵金属纪念币发行重量年度分布图

附 表

附表 1　　　　　　贵金属纪念币项目主题板块三项指标分析表

质量等级分类	价格指标				直接指标			间接指标					
	零售价总值（人民币亿元）	不变成本总值（人民币亿元）	总市值（2011年）（人民币亿元）	变动成本总值（2011年）（人民币亿元）	市场价/不变成本（S/BB）	市场价/零售价（S/L）	零售价/不变成本（L/BB）	市场价/变动成本（S/BD）	CPI比较值（CBZ）	存款利率比较值（LBZ）	货币贬值系数比较值（HBZ）	贵金属基价比较值（GBZ−1）	贵金属基价比较值（GBZ−2）	比较值综合评分（BH）
熊猫主题	52.07	24.23	140.87	65.60	5.814	2.705	2.149	2.147	2.326	1.841	1.341	3.263	0.914	10.143
生肖主题	68.48	31.70	297.47	64.03	9.385	4.344	2.160	4.646	4.723	3.755	2.640	6.282	1.736	19.608
历史事件主题	41.01	17.96	105.60	46.69	5.879	2.575	2.283	2.262	2.155	1.900	1.355	2.932	0.932	9.849
历史人物主题	6.21	1.87	49.07	9.40	26.241	7.903	3.321	5.220	3.223	2.197	1.434	4.600	0.849	14.273
中华文化主题	48.82	17.45	208.77	48.46	11.964	4.277	2.798	4.308	3.759	2.891	1.830	5.169	1.229	14.368
体育运动主题	37.53	15.64	61.79	32.50	3.950	1.646	2.399	1.901	1.540	1.163	0.824	2.557	0.693	7.118
风景名胜主题	14.57	6.69	53.83	13.53	8.042	3.694	2.177	3.979	3.335	3.158	2.253	4.343	1.443	14.413
珍稀动物主题	1.69	0.45	6.74	2.49	14.940	3.994	3.741	2.704	2.601	1.689	1.051	3.923	0.803	10.256
其他主题	4.23	1.16	22.67	4.24	19.620	5.354	3.664	5.352	2.185	1.826	1.171	3.967	0.658	10.427

附表 2

1979—2011 年贵金属纪念币年度板块三项指标分析表

年度	价格指标				直接指标				间接指标					
	零售价总值(人民币 亿元)	不变成本总值(人民币 亿元)	总市值(2011年)(人民币 亿元)	变动成本总值(2011年)(人民币 亿元)	市场价/不变成本 (S/BB)	市场价/零售价 (S/L)	零售价/不变成本 (L/BB)	市场价/变动成本 (S/BD)	CPI比较值 (CBZ)	存款利率比较值 (LBZ)	货币贬值系数比较值 (HBZ)	贵金属基价比较值 (GBZ-1)	贵金属基价比较值 (GBZ-2)	比较值综合评分 (BH)
1979	0.98	0.37	20.39	7.80	55.845	20.778	2.688	2.615	31.243	19.869	8.788	62.571	5.499	178.343
1980	0.34	0.09	4.75	0.94	52.157	14.138	3.689	5.080	6.807	4.138	2.098	12.080	1.326	25.923
1981	0.09	0.03	4.16	0.42	127.933	44.957	2.846	9.874	9.761	5.878	3.106	10.292	0.793	29.829
1982	0.07	0.01	2.04	0.20	150.980	30.395	4.967	10.265	10.862	6.731	4.002	10.160	0.710	32.465
1983	0.10	0.03	3.45	0.31	132.751	33.212	3.997	11.255	9.991	6.264	3.965	10.914	0.974	32.034
1984	0.25	0.08	3.82	0.92	50.536	15.150	3.336	4.175	4.278	2.875	1.769	11.579	0.965	21.467
1985	0.17	0.05	3.03	0.53	64.039	17.572	3.644	5.674	10.029	6.849	4.610	25.879	2.055	49.422
1986	1.74	0.71	8.64	5.82	12.113	4.959	2.443	1.486	2.706	1.786	1.057	6.233	0.562	12.155
1987	2.88	1.19	10.73	7.37	9.006	3.730	2.414	1.456	1.215	0.806	0.539	2.637	0.391	5.612
1988	4.20	1.65	21.16	10.57	12.792	5.033	2.541	2.002	1.558	1.057	0.683	2.867	0.372	6.324
1989	1.86	0.67	12.78	4.95	18.993	6.875	2.763	2.581	2.274	1.380	0.931	2.906	0.369	8.117
1990	3.76	1.36	24.04	7.87	17.627	6.400	2.754	3.053	2.275	1.303	0.802	3.160	0.493	8.685
1991	1.82	0.64	14.66	3.73	23.010	8.045	2.860	3.932	3.143	2.044	1.246	4.187	0.688	10.856
1992	1.44	0.46	19.33	2.91	41.705	13.471	3.096	6.632	4.164	2.820	1.849	6.207	0.875	14.792
1993	3.47	1.17	42.40	6.48	36.208	12.222	2.963	6.542	5.268	3.606	2.121	7.247	1.308	19.653
1994	3.13	0.99	25.12	3.35	25.390	8.023	3.164	7.498	4.348	2.701	1.688	7.761	2.461	19.528
1995	6.86	2.28	49.51	7.69	21.713	7.215	3.010	6.436	5.744	2.928	2.158	8.541	2.213	21.328

年度	价格指标				直接指标				间接指标					
	零售价总值（人民币亿元）	不变成本总值（人民币亿元）	总市值（2011年）（人民币亿元）	变动成本总值（2011年）（人民币亿元）	市场价/不变成本（S/BB）	市场价/零售价（S/L）	零售价/不变成本（L/BB）	市场价/变动成本（S/BD）	CPI比较值（CBZ）	存款利率比较值（LBZ）	货币贬值系数比较值（HBZ）	贵金属基价比较值（GBZ-1）	贵金属基价比较值（GBZ-2）	比较值综合评分（BH）
1996	5.36	1.75	22.52	6.09	12.876	4.199	3.067	3.700	3.094	1.878	1.209	4.051	1.124	11.234
1997	14.03	3.66	53.63	14.94	14.659	3.821	3.836	3.590	4.033	2.830	1.683	4.881	1.205	14.805
1998	8.35	1.99	37.69	9.00	18.940	4.515	4.195	4.188	3.627	2.527	1.597	4.955	1.075	13.042
1999	8.74	1.98	40.44	9.59	20.441	4.626	4.418	4.219	4.043	3.428	1.929	4.451	0.892	14.998
2000	6.14	1.78	32.80	8.39	18.439	5.344	3.450	3.911	4.438	3.908	2.310	3.771	0.801	15.395
2001	4.50	1.29	29.11	6.45	22.533	6.477	3.479	4.517	5.307	4.775	2.869	5.025	0.831	17.439
2002	6.42	1.84	42.95	8.50	23.333	6.692	3.487	5.051	4.728	4.320	2.719	4.647	0.980	17.055
2003	9.17	2.98	40.25	10.87	13.511	4.390	3.078	3.703	3.500	3.297	2.204	4.386	0.967	13.741
2004	11.60	3.66	39.26	11.69	10.740	3.384	3.174	3.359	2.500	2.378	1.722	3.855	1.208	10.850
2005	8.77	3.74	37.09	10.94	9.917	4.231	2.344	3.389	2.964	2.825	2.066	3.350	0.922	12.070
2006	13.09	5.11	42.36	12.64	8.288	3.235	2.562	3.352	2.157	2.077	1.590	3.041	1.120	9.782
2007	20.26	8.82	37.70	18.06	4.272	1.860	2.296	2.088	1.759	1.711	1.357	2.753	1.332	9.309
2008	24.47	12.60	41.56	21.02	3.299	1.699	1.942	1.978	1.885	1.871	1.462	2.814	1.377	9.975
2009	19.20	9.24	48.50	16.84	5.247	2.526	2.077	2.880	2.612	2.610	2.080	3.369	1.643	12.804
2010	25.28	13.82	48.40	18.98	3.501	1.914	1.829	2.550	1.935	2.050	1.847	2.995	1.778	10.589
2011	56.07	31.10	82.55	31.10	2.654	1.472	1.803	2.654	1.267	1.290	1.279	2.843	2.650	9.780

贵金属纪念币发行量板块三项指标分析表

发行量区间(枚或套)	发行指标			价格指标				直接指标						间接指标			
	币种合计(个)	枚数合计(万枚)	重量合计(万盎司)	零售价总值(2011年)(人民币亿元)	不变成本总值(人民币亿元)	总值(2011年)(人民币亿元)	变动成本总值(2011年)(人民币亿元)	市场价/不变成本(S/BB)	市场价/零售价(S/L)	零售价/不变成本(L/BB)	市场价/变动成本(S/BD)	CPI比较值(CBZ)	存款利率比较值(LBZ)	货币贬值系数比较值(HBZ)	贵金属基价比较值(GBZ-1)	贵金属基价比较值(GBZ-2)	比较值综合评分(BH)
发行量≤100 枚	113	0.74	12.99	9.27	5.34	65.12	12.04	12.200	7.026	1.736	5.408	8.248	5.578	3.675	7.483	2.176	27.803
100＜发行量≤200 枚	45	0.66	10.40	8.71	5.45	31.45	8.96	5.776	3.610	1.600	3.509	6.620	4.976	3.592	6.879	2.523	25.602
200＜发行量≤500 枚	94	4.36	34.32	5.19	2.64	41.34	7.35	15.689	7.966	1.970	5.622	8.791	6.250	3.788	9.909	2.383	31.612
500＜发行量≤1000 枚	126	11.29	32.74	10.28	5.57	55.23	11.39	9.916	5.371	1.846	4.848	6.506	4.169	2.733	9.356	2.335	24.101
1000＜发行量≤2500 枚	170	35.02	87.85	16.78	8.16	85.75	23.08	10.507	5.109	2.057	3.716	4.528	3.045	1.877	5.549	1.241	16.547
2500＜发行量≤5000 枚	194	83.28	438.87	18.75	8.11	103.25	26.76	12.732	5.507	2.312	3.859	3.432	2.620	1.830	4.953	1.086	14.971
5000＜发行量≤1 万枚	265	296.07	440.31	34.53	14.79	143.43	43.88	9.698	4.153	2.335	3.268	2.706	2.196	1.655	3.439	1.031	12.035
1 万＜发行量≤5 万枚	508	1 490.39	1 313.51	88.44	34.51	249.59	88.82	7.233	2.822	2.563	2.810	1.943	1.576	1.145	3.187	0.823	9.031
5 万＜发行量≤10 万枚	136	1 219.99	1 040.36	73.82	28.38	153.94	58.27	5.423	2.085	2.601	2.642	1.918	1.787	1.219	3.306	0.999	9.666
10 万＜发行量≤15 万枚	5	84.00	51.75	6.72	3.53	14.18	3.90	4.017	2.111	1.903	3.639	1.793	1.826	1.604	3.435	2.275	12.518
20 万枚＜发行量	2	109.00	109.00	2.12	0.68	3.55	2.47	5.201	1.671	3.113	1.434	1.065	0.747	0.444	1.234	0.268	3.758

贵金属纪念币贵金属含量板块三项指标分析表

贵金属重量板块分类区间	价格指标				直接指标						间接指标			
	零售价总值(人民币亿元)	不变成本总值(人民币亿元)	总市值(2011年)(人民币亿元)	变动成本总值(2011年)(人民币亿元)	市场价/不变成本(S/BB)	市场价/零售价(S/L)	零售价/不变成本(L/BB)	市场价/变动成本(S/BD)	CPI比较值(CBZ)	存款利率比较值(LBZ)	货币贬值系数比较值(HBZ)	贵金属基价比较值(GBZ-1)	贵金属基价比较值(GBZ-2)	比较值综合评分(BH)
1 千克≤贵金属含量	31.10	16.73	109.95	31.18	6.572	3.536	1.859	3.526	4.716	4.309	2.974	4.371	1.512	18.872
20 盎司≤贵金属含量<1 千克	0.33	0.13	7.22	0.76	54.578	22.211	2.457	9.521	11.126	7.306	4.409	14.839	2.237	42.036
5 盎司≤贵金属含量<20 盎司	42.70	18.53	195.39	49.12	10.546	4.576	2.305	3.978	5.572	4.102	2.733	7.406	2.073	22.431
1 盎司≤贵金属含量<5 盎司	176.99	73.16	512.63	170.61	7.007	2.896	2.419	3.005	2.481	2.006	1.480	3.744	1.075	11.187
贵金属含量<1 盎司	23.50	8.61	121.64	35.26	14.133	5.176	2.730	3.450	3.106	2.077	1.306	4.251	0.925	11.642

贵金属纪念币普制币与精制币板块三项指标分析表

质量等级分类	价格指标					直接指标				间接指标				
	零售价总值(人民币亿元)	不变成本总值(人民币亿元)	总市值(2011年人民币亿元)	变动成本总值(2011年人民币亿元)	市场价/不变成本(S/BB)	市场价/零售价(S/L)	零售价/不变成本(L/BB)	市场价/变动成本(S/BD)	CPI比较值(CBZ)	存款利率比较值(LBZ)	货币贬值系数比较值(HBZ)	贵金属基价比较值(GBZ-1)	贵金属基价比较值(GBZ-2)	比较值综合评分(BH)
普制币	50.95	19.97	136.73	49.62	6.847	2.684	2.552	2.756	1.929	1.665	1.159	2.976	0.877	9.157
精制币	223.66	97.19	810.10	237.32	8.336	3.622	2.301	3.414	3.503	2.711	1.821	4.684	1.239	14.256

贵金属纪念币老精稀板块三项指标分析表

板块分类	发行指标			价格指标					直接指标				间接指标				
	币种合计(个)	枚数合计(万枚)	重量合计(万盎司)	零售价总值(人民币亿元)	不变成本总值(人民币亿元)	总市值(2011年人民币亿元)	变动成本总值(2011年人民币亿元)	市场价/不变成本(S/BB)	市场价/零售价(S/L)	零售价/不变成本(L/BB)	市场价/变动成本(S/BD)	CPI比较值(CBZ)	存款利率比较值(LBZ)	货币贬值系数比较值(HBZ)	贵金属基价比较值(GBZ-1)	贵金属基价比较值(GBZ-2)	比较值综合评分(BH)
老精稀板块汇总总数	412	40.90	127.15	18.30	7.45	193.00	37.23	25.906	10.549	2.456	5.184	9.070	5.406	3.461	9.900	2.633	33.817
按发行数量分类																	
发行量≤100(枚或套)	90	0.65	5.78	2.61	1.18	48.55	4.73	41.127	18.614	2.209	10.271	10.790	6.904	4.401	10.237	2.636	37.111
100(枚或套)<发行量≤200(枚或套)	20	0.30	2.92	0.72	0.31	11.88	1.37	38.164	16.469	2.317	8.688	9.700	5.496	3.644	9.563	3.017	34.601
200(枚或套)<发行量≤500(枚或套)	86	3.60	16.10	2.34	0.95	31.18	4.81	32.820	13.346	2.459	6.475	9.584	5.823	3.600	13.242	2.712	33.616
500(枚或套)<发行量≤1000(枚或套)	75	6.58	23.66	1.63	0.58	23.90	2.56	41.052	14.657	2.801	9.319	8.555	5.316	3.322	12.993	2.629	34.017
1000(枚或套)<发行量≤2500(枚或套)	115	22.22	50.21	7.66	3.07	58.11	15.20	18.939	7.582	2.498	3.823	4.227	2.716	1.692	4.965	1.135	15.519
2500(枚或套)<发行量≤3000(枚或套)	26	7.55	28.48	3.34	1.36	19.39	8.56	14.279	5.813	2.457	2.266	2.621	1.707	1.119	3.728	0.636	10.069
按贵金属材质分类																	
金	241	22.63	32.32	14.85	6.33	132.70	31.76	20.961	8.936	2.346	4.179	4.931	3.291	1.984	6.031	1.310	17.809
银	107	11.34	91.16	1.49	0.33	37.81	2.06	113.640	25.371	4.479	18.314	14.394	9.468	5.759	22.143	3.626	55.999
钯	1	0.14	0.14	0.02	0.01	0.38	0.06	51.737	21.538	2.402	5.910	6.782	4.115	2.776	5.910	0.675	20.258
铂	41	3.47	2.05	1.13	0.47	13.89	2.27	29.649	12.266	2.417	6.115	5.899	3.423	2.251	7.284	2.015	22.589
双金属	22	3.33	1.50	0.81	0.31	8.21	1.07	26.453	10.197	2.594	7.668	4.264	2.885	1.697	6.005	1.619	15.946

熊猫币板块三项指标分析表

	价格指标				直接指标				间接指标					
	零售价总值(人民币亿元)	不变成本总值(人民币亿元)	总市值(2011年)(人民币亿元)	变动成本总值(2011年)(人民币亿元)	市场价/不变成本(S/BB)	市场价/零售价(S/L)	零售价/不变成本(L/BB)	市场价/变动成本(S/BD)	CPI比较值(CBZ)	存款利率比较值(LBZ)	货币贬值系数(HBZ)	贵金属基价比较值(GBZ-1)	贵金属基价比较值(GBZ-2)	比较值综合评分(BH)
熊猫币大盘	230.10	181.80	735.94	492.65	4.048	3.198	1.266	1.494	2.509	1.840	1.282	2.084	0.650	8.698
熊猫投资币大盘	178.03	157.56	595.07	427.05	3.777	3.343	1.130	1.393	3.249	2.282	1.634	1.984	0.426	9.291
金币	159.85	143.00	545.15	400.31	3.812	3.410	1.118	1.362	2.399	1.679	1.172	1.322	0.383	6.920
银币	18.18	14.56	49.92	26.73	3.428	2.746	1.249	1.867	4.099	2.886	2.096	2.645	0.470	11.662
熊猫纪念币大盘	52.07	24.23	140.87	65.60	5.814	2.705	2.149	2.147	2.376	2.005	1.474	3.351	0.900	10.878
金币	36.36	19.03	80.17	50.34	4.214	2.205	1.911	1.593	1.737	1.592	1.150	1.823	0.769	7.266
银币	12.76	4.01	42.02	11.53	10.487	3.294	3.183	3.643	2.376	2.005	1.474	3.351	0.917	10.878
钯币	0.37	0.15	1.01	0.44	6.742	2.694	2.503	2.269	4.025	2.660	1.825	3.799	0.676	12.985
铂币	1.93	0.80	11.43	2.40	14.352	5.918	2.425	4.760	2.063	1.329	0.896	3.156	0.900	8.977
双金属币	0.65	0.25	6.24	0.89	24.815	9.651	2.571	7.021	4.198	2.588	1.664	5.457	1.570	15.188
熊猫普制纪念币	22.42	10.34	33.72	19.63	3.261	1.504	2.168	1.718	1.311	1.190	1.007	2.513	0.999	7.829
金币	17.89	8.99	23.92	16.50	2.660	1.337	1.990	1.449	1.165	1.001	0.866	1.377	0.744	5.094
银币	4.53	1.35	9.80	3.13	7.262	2.164	3.355	3.131	1.623	1.609	1.162	3.086	1.133	9.638
熊猫精制纪念币	29.65	13.89	107.16	45.97	7.715	3.614	2.135	2.331	2.864	2.156	1.471	3.686	0.906	11.436
金币	18.47	10.03	56.26	33.83	5.606	3.045	1.841	1.663	2.577	1.890	1.362	2.338	0.780	10.792
银币	8.23	2.66	32.22	8.40	12.124	3.917	3.096	3.834	3.096	2.367	1.676	3.667	0.829	12.595

后 记

　　这本书是用统计学方法和经济学原理对我国现代贵金属币市场的整体状况进行定量分析和研究的一种探索和尝试。能够用这种方法完成此项工作，完全借助于"中国现代贵金属币信息分析系统Ⓒ"。

　　建立一套数据库，用科学方法对我国现代贵金属币进行系统分析，是我多年的心愿。由于受各种条件限制，这项工作始终没能完成。2010年退休后，为了把多年积累的理论知识和实际经验回馈社会，我开始着手实现自己的夙愿。

　　建立一套数据库，主要有三项最基本的工作：①建立一套有科学依据并且可以实施的评价系统。②进行大量的信息采集工作和数学模型的建立论证。③设计完成能够顺利实现上述任务的电脑软件。评价系统的可操作性、基础信息的准确性、数学模型的科学性和软件系统的可靠性是保证高质量完成这项工作的基础。

　　在退休后的一年多时间里，我一边阅读大量书籍和文献，一边思考和研究如何解决这些问题。在有了成熟构思后，从2011年8月起，开始大量的信息采集工作、数学模型的设计和论证工作，以及电脑软件的开发工作。经过一年多大量的艰苦细致的工作和反复验证，到2012年5月终于初步建立起了"中国现代贵金属币信息分析系统Ⓒ"，并且利用这套系统开始撰写《中国现代贵金属币市场分析》一书。

　　在进行这项工作的过程中，我一直采取科学、严谨的工作态度。我自己对这个"信息分析系统"充满自信，喜欢运用它对我国现代贵金属币市场的状况进行分析和研究。但我心里非常清楚，在这套"信息分析系统"中肯定存在一些不完善的地方，有些地方甚至会引起争议。我衷心希望业界专家和朋友对此提出批评和建议，以便能使这套"信息分析系统"不断升级和完善。

　　这套"信息分析系统"由冯锐、陈岩磊、赵雨楠共同参与完成。

　　在建立"信息分析系统"和本书的撰写过程中，笔者得到了戴志强、邵军志、李波、王翔、任增群、黄斌、尹诚、张树仓、董江、刘迪、童维纳、王立新、童钢、黄寿山、成殿扬、张玉勉、许淑兰、张荣华、葛祖康、白冰、李振

亭、武陆军、陈俊仁、丁峰、姚之元、汤国明、王敬雄、梁聪怡等人士的大力
支持和帮助。

　　谨此对参与建立"信息分析系统"的有关人员以及对这项工作给予大力支
持和帮助的各位人士表示衷心感谢！

赵燕生

2012 年 8 月于北京